人文阅读与收藏·良友文学丛书

舒乙题

原丛书主编：赵家璧

特 邀 顾 问：舒　乙　赵修慧　赵修义　赵修礼　于润琦

出 品 人：马连弟
监　　制：李晓琤
执　　行：张娟平
统　　筹：吴　晞　姚　兰
装帧设计：赵泽阳

特别鸣谢（按姓氏笔画排列）：
韦　韬　叶永和　李小林　沈龙朱　陈小滢　杨子耘
张　章　周　雯　周吉仲　舒　乙　蒋祖林　施　莲
姚　昕　俞昌实　钟　蕻　郑延顺　赵修慧
以及在版权联系过程中尚未联系到的作者或家属

特别鸣谢：
上海鲁迅纪念馆
北京鲁迅博物馆
北京大学中国语言文学系
复旦大学中国语言文学系
中国作家协会权益保障委员会

人文阅读与收藏·良友文学丛书

记丁玲续集

沈从文 著

中国国际广播出版社

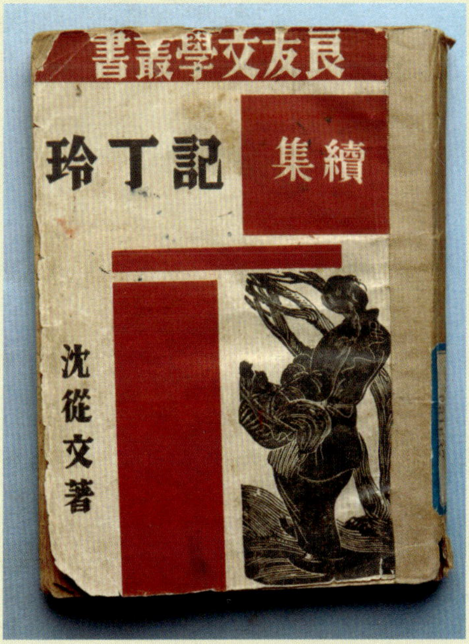

良友版《记丁玲续集》平装本封面

良友版《记丁玲续集》编号页

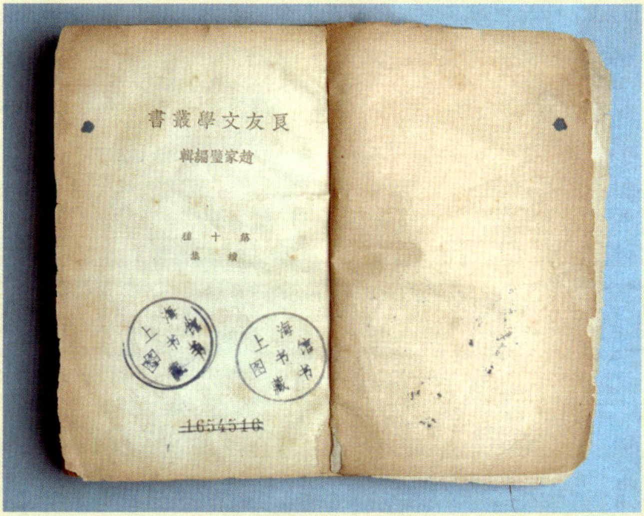

良友版《记丁玲续集》扉页

良友版《记丁玲续集》版权页和内文第一页

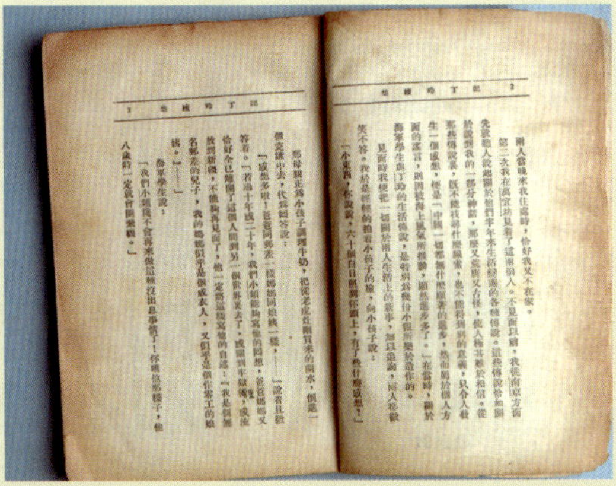

良友版《记丁玲续集》内文

《良友文学丛书》新版出版说明

二十世纪三四十年代，著名编辑赵家璧在上海良友图书公司老板伍联德的支持下，历经十余年，陆续出版《良友文学丛书》，计四十余种。其中三十九种在上海出版，各书循序编号，后出几种则无。该套丛书以收入当时左翼及进步作家的作品为主，也选入其他各派作家作品。其中小说居多，兼及散文和文艺论著；第一号是鲁迅的译作《竖琴》。丛书一律软布面精装（亦有平装普及本），外加彩印封套，书页选用米色道林纸，售价均为大洋九角。

《良友文学丛书》选目精良，在现在看来，皆为名家名作；布面精装的装帧更是被许多爱书人誉为“有型有款”。不可否认，在装帧设计日益进步的当下，这套出版于二十世纪三四十年代的丛书外形已难称书中翘楚，但因岁月洗汰，人为毁弃，这套曾在出版史上一度“金碧辉煌”过的丛书首版已然成为新文学极其珍贵的稀见“善本”。

在《良友文学丛书》首版八十周年之际，为满足现代普通读者和图书馆对该丛书阅读与收藏的需求，我们依据《良友文学丛书》旧版进行再版（四种特大本不在其列）。本着尊重旧版原貌的原则，仅对旧版中失校之处予以订正。新版《良友文学丛书》采用简体横排的形式，以旧版书影做插图，装帧力求保持旧版风格，又满足当下读者的审美趣味。希望这一出版活动对缅怀中国出版前辈们的历史功绩和传承中国文化有所裨益，也希望广大读者多提宝贵意见和建议，以便我们把日后的工作做得更好。

《良友文学丛书》新版校订说明

一、本丛书收录原良友图书公司编辑赵家璧主编《良友文学丛书》共四十六种（四种特大本不在其列），乃为目前发现且确系良友版之全部。

二、此番印行各书，均选择《良友文学丛书》旧版作为底本，编辑内容等一律保持原貌，未予改窜删削。

三、所做校订工作，限于以下各项：

（1）将繁体字改为简体字；

（2）原作注释完全保留；

（3）尽量搜求多种印本等资料进行校勘，并对显系排印失校者在编辑中酌予订正；

（4）前后字词用法不一致处，一般不做统一纠正；

（5）给正文中提到的书籍和文章及其他作品标上书名号，原作书名写法不规范、不便添加符号者，容有空缺；

（6）书名号以外其他标点符号用法，多依从作者习惯，除个别明显排印有误者外均未予改动。

記丁玲續集　1

过上海时我住在北京路清华同学会寄宿舍，到了第四天，得了个他们住处的通知，方过吕班路万宜坊六十某号去找寻这两个朋友。那天两人都出了门，只一个藤制摇篮里，躺着个大头圆脸的小孩子，睡得正好。他们因为知道我会来，并不锁门，桌上留有一个字条，要我同小孩玩玩，且告我过两点钟他们方能回家。我在小孩藤篮边坐了一会，欣赏了这小生物睡态约莫一点钟，既不见两人回来，也不见小孩醒觉，故也留下一个字条，说："我坐了一点钟，拧了小孩子的小脸三下，这小东西不醒，你们又不回来，我还得作点别的事情，只好走了。"

两人当晚来我住处时，恰好我又不在家。

第二次我在万宜坊见着了这两个人。不见面以前，我从南京方面先就听人说起关于他们半年来生活变迁的各种传说。这些传说恰如关于说到我的一部分神话，那么又荒唐又古怪，使人极其难于相信。从那些传说里，既不能找寻什么线索，也不能得到别的意义，只令人发生一个感想，便是"中国一切都无什么显著的进步，然而属于个人方面的谣言，则因被海上风气所推动，显然进步多了。"在当时，关于海军学生与丁玲的生活传说，是特别为几份小报所乐于造作的。

见面时我便把一切关于两人生活上的新事，加以追询，两人都微笑不答。我于是轻轻的拍着小孩子的脸，向小孩子说：

“小东西，你说说，六十个白日照到你头上，有了些什么感想？”

那母亲正为小孩子调理牛奶，把从老虎灶刚买来的开水，倒进一个瓷罐中去，代为回答说：

“感想多啦！爸爸同邮差一样妈妈同娘姨一样，……”说着且微笑着。“若过十年或二十年，我们小频能够写他的回想，爸爸妈妈又恰好全已离开了这个人间到另一个世界里去了，或关到牢狱里，或流放到新疆，不能够再见面了，他一定将这样写他的自述：‘我是个无名邮差的儿子，我的妈妈似乎是个成衣人，又似乎是个作零工的娘姨。’……”

海军学生说：

“我们小频才不会再来做这种没出息事情了！你瞧他那样子，他八岁时一定就会开飞机。”

“倒真有点像个飞机师。”我说“学会了开飞机，把爸爸妈妈装载在飞机里，经过西伯利亚的雪地，飞往莫斯科，这逃亡一定是很有意思的。”

海军学生把宽宽的肩膊耸了一下，对于这个不是隐喻的隐喻有所纠正：

“到那时节我们不需逃亡，飞机的用处只在捕捉逃亡！……”

“那么应当轮到我逃亡了罢。小飞机师，你说怎么样？”

小孩子俨然完全明白我们的言语，呀呀的喊着笑着。

海军学生说：“小东西你笑，你有什么可笑的！”随即他就剧烈的把摇篮动荡起来，似乎想训练小飞机师似的。小孩初初受了点儿惊，尚呆呆的把眼睛对爸爸望着，后来忽然呀的哭了，丁玲女士搁下了牛奶瓶，推开了海军学生。

“频，你真是……坐那边去。不要胡闹！走开！说你们的事情去！”

我们于是离开了小孩子坐到床边去，尽作母亲的喂小孩子牛奶。我就同海军学生提出在武昌，在南京，在上海，所听到关于他们两人的种种谣言，且问他们半年来事实上如何打发这一大堆日子。

海军学生似乎不愿那么正正经经来讨论这个问题，手指着丁玲：“瞧，做母亲的就是这个样子，做父亲的照例打点杂，譬如——你不要问吧，上海小报对于我们消息特别多，但仿佛还无一次消息提到我们多了一个小孩，你想想，你就明白这些消息应当打个如何折扣了。”

我说：“报上说你做了黄包车总司令，组织这一部分群众，且指挥这部分劳动者作种种争斗。”

海军学生说："在同样这种无聊小报上，另外一时就说你在青岛买了一所大房子。"

"但南京××说已成为××的一个什么长。"

"什么长？你相信××的话吗？他说你是过南京做官的。你到了南京，自然是一种事实，我且问你预备做的是什么官？"

丁玲把奶瓶的象皮嘴塞入小孩口中后，要我们去看小孩。房中火炉似乎稍热了些，小孩红着脸庞，闭着眼睛，吮吸着搁在身边小瓶中的奶汁，神气俨然，十分可爱。我们把话转到小孩方面来了。

说到小孩养育问题，作母亲的便摇头苦笑，告给我两个月来作母亲的一份经验。半年来两人文章皆在无办法安排情形中，支持日子的艰难，也就可以想像得出。为了小孩的出世，母亲不得不过医院去躺下，父亲不得不过各处去借钱。母子虽安全出了医院，家中凭空多了一个消费者，一面哭着要吃，一面还哭着要换肮脏尿布。且因为习惯不好，小孩子似乎明白将来的忧患，得赶快把身体发育长大，方能应付未来的命运，故半夜深更也总得吃奶两次。不理会吧，哭嚷得怪惨，起来安排一下吧，两人应分的睡眠时间可缩短了。而且奶粉的消耗，也真够作爸爸妈妈的踌躕，小豹子似的食量，吃了又吃，还总觉得不够，正像有意同父母为难，有意用这种事情来嘲笑两个不应该生育居然生育小孩的父母。这样那样谈说关于小孩子的事情大约一点钟，小孩子慢慢的把奶汁吸尽，含着微笑睡去了。

分别时约好两人隔日过我住处去看几个朋友，两人第二天果然就来到我的住处。那天约定在我那里吃饭的，一共有六个人；六人中有三个大学教授，一个大学生，一个医生。一个银行科员，这些人并不同丁玲相熟。听说那么一个圆脸长眉的女孩子就是丁玲女士时，各人都略微显得惊讶，座次言语仿佛也矜持了些。各人拉着她问了一阵关于上海妇女运动的话语，她就说这类事情，女青年会中人所知道的也许比她本人知道的多些，因为这同妇女时装展览是差不多的东西，她平时不大注意。又说到纱厂中女工问题，丁玲也无什么意见。在这类人面前她照例说话不多，事实上也无话可说。朋友们吃过饭走去后，两人还同我谈着属于上海方面的各样事情，我又提及一些关于两人生活的传说，希望他们告我一点比较实在的消息。

我其所以一再询问他们这一件事情，……因为各方面传说都言海军学生×××，×××××××××，上海方面租界中的政治运动，虽常常同长江一带军事变化毫无直接关系，然对于另一方面，有间接关系。且××方面将来的问题，若……不能相互为用，则一切计划将成为租界中的儿戏，结果乃不过一二文人负嵎固守的梦想，所谓左联文学运动也将转入空泛与公式情形中，毫无乐观希望可言。我意思以为他们对于上海以外的情况，能多知道些，对于他们或有利益些。对于××的教育，军事，经济现状，以及种种方面的报告，多明了一些，也就是可以多作出些有益于那个理想的事情。

他在我面前并不承认他的事业，只从平常意见交换中，我却明白了他对于事情太缺乏正确的认识了。他太信任了某一方面统计及其他文件的纪载。他对于事实既有了误解，一切未来估想，便全盘不可依据。譬如……若……这革命的得失还能有什么可说？总而言之他住在上海，上海能容得下他们。不过利用观念来说明这个民族的欲望，所知道的那么少，想要说的问题又那么大，未免离事实太远一点了。

海军学生当日因事须过北四川路，我们应谈的话似乎还多，所以丁玲即留在我那里等候。海军学生走去后，我又问她是不是如传闻所谓，两人真忙到并吃饭也无空余时间。

她用著坦白的语气说：

"为了那小孩，我们忙到不吃饭，不睡觉，已经快两个月了。频总还得作点事情。我呢，你知道我不会作母亲。我们正预备把小东西送回湖南。"

"频作什么事情呢，是……"

"不要相信那个。"说了这样一句话后，她又说："不要相信那个。"其实我并不相信什么谣言，但我却明白有些方面海军学生的努力，已超过谣言的界石，向更×一方面跑去了。

她于是继续告了我一些非传闻的事情，解释两人近来种种打算。为了导引一个民族理想，于一个新的方式中寻觅出路，在各样试验中去取得经验，明白了这是为社会，个人折磨便不足计了。她为我说的也就是两个人已经忘了自己，如何在一群青年中，沉默的受着种种折磨，有了多少日子。过去说完了时，又来说未来种种。对于未来的计划，她的基础自然就垫在过去经验与现在局面上头。听了她那种坦白可惊的叙述，真令我又愁又喜。喜得是两人在半年中为一个新的理想所倾心，已使两人完全变了一种样子，愁的是两人所知道中国的情形，还那么少那么窄。一份新的生活固然使两人雄强单纯，见得十分可爱，然而那分固执朦懂处，也就蕴蓄在生活态度中。他们正如昔人所说："知道了某一点，其余便完全不知道。"明白了一样事情，却把其余九样事情看得极其朦胧，所有的工作又离不开其余那些事情，这能成就什么事业？为了她谈到长江方面的一片消息，完全同我从朋友所得的报告相反，故我就告给了她一些那方面的"事实"。我不扫她的兴，却只在尽她明白一件事实。另外关于南京方面在上海的种种活动，如何不利于由作家入手的，他们所知道的也似乎不如我从南京听来的消息翔实。各人心中一点成见使我们仿佛疏远些，同她谈话时，真有不知如何是好的情形。我以为凡作一件事情，固然应当认识“可以作去”的真理，但同时也就必需明白“无法作去”的事实。所作的事若果同社会制度组织有关，对于在这个社会制度组织下一切的现象，岂不是也应当弄得清清楚楚？革命事业在知识分子工作中，需要理知的机会，似乎比需要感情机会更多。两人的信仰惟建立于租界地内观听所及以及其他某方面难于置信的报告统计文件中，真使人为他发愁以外还稍微觉得可怜可悯。

我的结论是这样意思：

“你们仿佛从别的文件中，十分明白中国情形，故定下若干计划，这些计划其实是毫无用处的。你们对于租界以外的任何事情太缺少理解了。为什么不离开上海租界看看，多得分经验？”

她对我这种话的回答似乎只作过一个微笑，微笑中包含了“杞人忧天”的意味，这是一点轻微的嘲讽。她旋即问我武昌学校的情形，上海出版物在那方面的情形，本地受出版物所刺激的影响，以及关于这类问题的种种。她意思似乎对于她自己先前一时的谈话有了一点追悔，以为不该同我说的那么多，因此打量把话语引到别的问题上去。但既问到武昌出版情形，我就又有机会告她一件事情了。武昌文学书籍，曾经杀了一个书店经理。我告她被杀的如何被杀，所卖的书在上海租界上又正在如何公开的发卖。我把因环境不同，一个信仰一点主张所引起的不同事件告给她。且指明身在租界既不认识历史又不明了空间的作家们，讨论大众文学的效率，与大众文学的形式，以及由文学而运输某种思想于异地青年诸问题，如何在昧于事实情形中徒然努力。且这种昧于事实情形中，作着种种糟塌青年妨碍社会自然进步的决定，具有伟大眼光的……，尤不可不力加纠正。大致所提出的问题究竟太大了点，各人所知道的又似乎太少了点，因此这件事当时无法详细讨论，虽互相约好，此后由我把它写出来，作为一个自由作者从经验方面对于左翼文学方面一点批评一种讨论，她却就我文章所提出各点，逐一答覆，纠正我认识上的错处，说明我意见上的正确处，文章写成后就一同拿去发表。这文章过后无法写出，现在自然就更无从着手了。

海军学生离开我住处约在下午两点钟左右，过了下午五点钟还不回家。我说：“别被……了！”丁玲就说：“近来兽物也机警聪明了，不碍事的。”本约好等他回来，两人同走，到后她还是因为担心家中小孩哭醒，新来娘姨疏忽了小孩子食物，便先回了法租界。大约将近七点时，海军学生方匆匆的赶来，见我正想出门，就问我预备过什么地方去。我正想过法租界看他们，在他们那里吃饭。他又问我“有几件冬天衣服”，知道我只有一件破皮袍同一件厚绒夹袍后，他便轻轻的说：“把夹袍给我，我不能再穿这洋服了。”衣服换好后，下楼时他却拉我从后门下楼。他不说我还不知道这住处有个后门。两人从后门下楼到了博物院路上，他又拉我再转北京路向南过外滩上东，这样走着弯曲路线，我先还以为是他弄错了方向。后来被他在肩上轻轻打了一下，我方明白对于上海的路线，这半年来他比我已经熟习多了。一到家中这海军学生把我那件绒袍脱下，向床上丁玲身旁丢去，坐近炉旁一张藤椅上，微笑着，且摇着那个额角极宽的头颅，像作了一件最得意事情。

丁玲问：“怎么，换了衣!”

“不换衣，电车上全是狗!（他笑着）貂比狗究竟快多了。你瞧，那袍子毛绒简直同貂皮一样，穿起来暖和又轻。休，你穿这样好袍子，真是个……”

我说：“小胡你倒真不坏，刚到过我那里头一次，就被你把后门也看清楚了!”

他一句话不说，像小孩一样笑了许久。过后方记起了应当把皮鞋脱下，脱下皮鞋时，有一点字纸之类被他用手掏出，拨开了火炉铁门，把那东西向熊熊煜煜的红煤中抛去，即刻就消失了。我看得清清楚楚，却不说及这件事，只问他有什么可吃的，大家动手来作。丁玲女士把另外间小房的门一手拉开后，就有辣子豆豉气味，从那小房间溢出。

算算日子，我们那次见面应当为一月六号。七号我到他们家里去，见到了×××与×××，比所想像的×××已老多了。八号又在大马路永安公司门前同她见到了×××的弟弟×，两人特别约好在这地方见面，一同过我住处谈话。这人就是先海军学生一些日子，曾经用温情服侍过她，最近不久还刚穿着反面的羊皮袄子装扮吉林垦荒的山东农民，由西伯利亚转北宁铁路回国的。我们稍稍谈了几句话后，我有事出了门，他们又谈了许久方走。九号海军学生同她在我住处吃面，丁玲便告给我明天是她家中小孩子出世满六十天的日子，预先已请了些客，若我高兴去吃晚饭，很欢迎我去，同时或可见到几个人。这些人中有我们原先相熟的，也有并不相熟我想见他们或他们想见我的。然从海军学生的言语里，则我知道既然把客从各处请来，吃饭前后必有些时间"谈话"。这种谈话我自然不很明白，听听固无妨于事，但假若我参加这种谈话，是不是还能发生兴味？所以去不去倒先让我自己决定较好。他要我决定这件事，我当时便认为这谈话决不能参加，也不宜旁听。恰好我另外又正有一个约会，故当时说明我不能去吃酒。那次吃酒既没有我，来了些什么客我也不能明白，谈的是什么我也不能明白。只记起再隔一天到她家里时，丁玲女士翻出了一张三人合照的相片把我看，上面有那么一行题字：

"韦护满六十天，爸爸预备远行，妈妈预备把孩子交给他的外婆。”

问他“路有多远。”

海军学生就说“远得很。”

当时虽只那么当笑话说着，我却早已经单从海军学生方面听明白了他那个远行的计划。

从十一号到十七号，这一串日子里，我们每天都有见面的机会。我对政治毫无兴味，我们商量的是《红黑》应当如何重新出版，大家应当如何设法来支持这刊物使它不至中断，且使这刊物用何等面目与世人相见。事情一来，又轮到丁玲女士起草计划了。在计划中她仍然答应好些事情，从我看来还仿佛不是她所能担负的。她并不是强干的人，但她在学习强干。她在训练中已渐渐的同一个男子那么欢喜作事了。

一连而来几个日子里，我从海军学生方面，又听了一些“故事”，这些故事或出自他们本身，或出自相熟的旁人。我不能在某种生活中产生故事，但对于别一人每种故事却十分关心。

我把出自他们口中的故事，拿出与我从武昌南京所得的各种人事印象相对照，仿佛就得到了一份最好的知识。这份知识于我很有用处，贡献给别一方面时也必然极有用处。海军学生若愿意明白我已明白了的事情，对于他的理想行为，却极显然大有帮助。

但这不成。两人因为应付租界上的环境已十分习惯，便同租界以外的环境疏远了。海军学生把他的故事说给我听时，他的叙述越兴奋，我便越觉得为他发愁。他明白在某一件事情中，把自己编排成为剧中角色之一的时节，自己所感觉的庄严可到何种程度。他复述那点庄严印象时，也显得那么快乐。他的快乐只证明他十分天真，这就使人为他发愁。我呢，我认识一张楯牌的两面。我知道双方事情。我看过两地排演的戏目。我作得少，懂得多。因此对于革命我不悲观，但也不能过于事实所许可的乐观了。

理想从文字或其他方面移植到某种人感觉意识上时，这人的勇敢处真正令人吃惊。但这种“勇敢”同“保守”对面以后，产生了如何愚蠢的行为，排成了如何无聊的场面，照例将是使人吃惊以外还得皱眉的。一页新的历史，应当用青年人的血去写成，我明白我懂。可是，假如这血是非流不可的，必需如何去流方有意义？在别一方面的人看来，方法也许只是一个，便是捉来就砍。但在随时都有被砍机会的一方面，人既那么少，结实硬扎机警勇敢的人尤其不易多得，纵事到临头非流血不可，如何来吝惜珍重这种人的血，避免无味的牺牲，不也就正是培养这个对人类较高理想的种子的一种最好方法？当时在长江方面所见到的只是流血，年青人参加这种流血的，似乎也有非如此不可的趋势。惟一些身在上海各人从一枝笔上得到群众的作家，失去了笔同时也就失去了他的武器，便毫无实力可言。如今放下手中的笔，来应付别一种事情，在“用失其长”的情形中，是不是还能做出比好好的写一本书更可观的成绩？自己根本那么脆弱，单凭靠一点点信心，作著勇敢的牺牲，牺牲过以后，对于整个理想能有多少帮助，是不是还有人作过一番考虑？

那时的中国情形大致如下面所记：

上海新书业商人已各因眼光远近不一，从读者捞了一笔钱，各对于新书取缔忽然转严，作品的去路就窄了些。商人明于世故，皆很热烈的把眼光注意到印“一只天鹅冒险”等等儿童读物方面去了。同时……当局对于这问题的看法，轻重处有些不甚妥当，对于文学上潮流影响，把它看得过于严重，处置也随之而严重。

如此情形实不足为奇。杀戮在某一时成为一种政策，从本国历史上，是可以发现无数篇章的。但极可怪处，则是凡有机会在这个时代社会里成为牺牲的人，都仿佛毫不知道如何请求避免牺牲的方法。各人似乎由于只习惯租界上工部局的章程，全不明白自己行为一出了租界便成为什么案件，得到什么结果。夫妇二人还那么从容洒脱，实在是想像不到的。

胆小如鼠原无济于事，但过分洒脱，则不免疏于人我之间的防卫。我尤其不能同意的，便是他们似乎业已忘了自己如何得到大众的原因，仿佛手中已操持了更好的武器，各在轻视原来手中那枝笔。皆以为把笔摔下的时代业已将临，不放下手中那枝笔诸事就作不好。关于这件事，我大约同他们讨论过二十次。认为他们的笔不适宜于从手中离开。并且若已承认了把笔放下是中国革命一点损失，则在这种时代里，如何去使用那枝笔，也成为两人最切要的问题。不担心牺牲，那自然是种难得的勇气。可是若凡事看得远一点，认识得深切一点，了然所谓中国革命文学，应取何种方法，何种形式，使它在这个恶劣环境依然能存在，能散布，能把握某一部分读者的感情，则作者间实有切切实实用客观的眼光去研究的必要。海军学生如其他年青人一样，对历史太生疏了一点。文学所能发挥的能力，所能展开的场面，可谓极其缺少注意的兴味。海军学生之被人重视，我以为对于他根本毫无好处。这人既并无多大政治才识，有的只是较才识三倍以上的热情。凭了这点热情，他应得到一份敬爱。然而一被重视，因此他却必毁无疑了。据我的感想，则发展他成就他，最好的环境，就是委屈他到一份卑下生活里去。要他受苦，被派作不甚要紧的事情，短期入狱，常常受吓受困，一出门就得同政府的便衣侦探斗智，当逃避侦缉者眼光时，习惯于电车的上下，转小湾，于同志中受不甚公平的待遇，学会了种种机智与谨慎，在艰难境遇里三年五年，好好的去取得一个革命家那份应得的经验。一切生活训练他到某种程度，他也才能作某种负重致远的人!

照当时情形来，我的意见已显然觉得稍稍有点迂腐，所以海军学生的回答常常只是个微笑，丁玲女士也只给我一个微笑。要他们说出他们的意见，他们就简简单单的说:“你什么都不知道，只能写点文章，别的真不用提。”海军学生原本是个天真烂漫的人，直到这时，不拘他如何勇于负责，不拘他如何长于打算，我总以为他还不脱离孩子气。如今到了把自己加入这血肉相搏的争斗里，对于某种理想的实现，常作超越历史条件以上的乐观，就见出两人皆还在不可形容的天真里打发每个日子。然而到了我明白我的理知对于他们并没有多少用处，拟不再提出什么意见时，他已在意外情形中失踪了。

十六号在他们家中，我对于海军学生的生活，不贡献什么意见，丁玲女士却对我的生活有所考询，考询的结果，我仿佛从他们的脸色上，又看出点可怜悯神气。那神气用言语翻译出来，仍然是“从文真有点迂腐”。我当时不加分辩，不作抗议。我心想:

“一切人都在那里用自己一分观念决定自己的命运，既明白每人因生活不同，观念也难相同，或者就应当各人沈默守分，尽时间来说明各人的命运得失了。”

于是我邀他们过卡尔登去看电影，看了一个英文名为《生命》的片子，说得是纽约某种闲人的生活，恰好合于上海某种闲人的情调，对于我们生命所有关系，就是糟塌了我们两个钟头的时间。出院时，我们到了静安寺路向西走去，海军学生好像还为影片中的无聊情节十分生气。丁玲就说：

“频，你这算什么？我们的生命，难道不常常的自然而然为一些人事上的小故事，糟塌得比看一次电影所耗时间更多吗？这也值得生气！”

丁玲的话使海军学生记忆起另外一件事，这个南方人便说：

“我生我自己的气。你呢，你不也是常常因为……”

海军学生所说的，是丁玲女士因某种感情扰乱了她，把写过一半的文章向炉中抛去的故事。这类故事是不必再提了的，因为一个作品，在作者自己一方面看来，既有烧去的愤怒，则这作品也就大约如这世界上某种人，它不存在也许比它存在还更好些吧。

十七。天气阴阴的。我那住处既在四楼，从住处客厅一排窗口望出去，对马路是邓托摩饭店的大楼，平时早上常可以见到穿白衣的侍役，在窗口边用白粉抹玻璃，且轻轻的唱些什么曲子。我便站在我这边楼上窗边，看他作事，且想像这个人作完了事又在什么地方服务，服完了务又过什么地方休息。今天似乎因为天气不好，这人到时还不出现，因此使我稍稍觉得寂寞。九点左右，在那客厅中看过了报纸，本想过法租界去，问问海军学生，看他是不是预备过江西。假若已决定动身的日子了，小孩子应如何送回去，也好让丁玲女士不至于为孩子拖累过久，妨碍应作的事情。假若湖南方面有人来接小孩子，或照预定计划，我返武汉时就可把母子顺便照扶带过武汉，到了汉口交小孩子给家中人，丁玲一人再返上海，事情也方便多了。

当天恰好我已答应了一个中公同事储先生，十二点钟过四马路某地方吃饭，预备从法租界回来便过四马路，吩咐公役锁好了门跑下楼时，在门前见着了邮差，带了一大包邮件上楼，算定我也许还有些信件，故又跟他返身爬上四楼。一堆信件递到我手上后，我明白我已不能过法租界去看他们了。信件中就有海军学生昨晚从法租界寄来的一封，告给我日来如何亟于需要搬家，再不能在那地方住下。且告我今天不必去看他们，因为那住处似乎不大适宜我常去。邮件中还有好些报纸同书籍，且有北京方面两种报纸，皆提到丁玲女士的，朋友不知道她的住处，便远远的寄来给我看。另外还有一本李青崖先生寄来的《艺林外史》，我既然不过法租界去了，就在客厅把那本书看下去。

到了十一点，四楼甬道上有皮鞋声音橐橐橐橐的走过去，从那急促而又带点拖沓的声音里，我估想这人一定是海军学生。但很稀奇处，却是这种声音乃由北而南，我觉得十分奇怪，想出客厅去看看究竟是谁。一到门边，他那个宽宽的肩膊也撞进来了。

原来他从后门上楼，见我房门业已上了锁，还以为我走了，走过前门事务部去询问。

“我正想过法租界去，问你们决定了怎么样一种计划，下楼时看看来了信，就动身不成了。”

“我还以为你出去了!”

“你什么时候动身!”

“我自己也不知道。动身以前我得搬个家，那边实在不能再住了。第三衙昨天又捉了一个。现在什么好办法也没有，到处拿不到一个钱，搬又无处可搬。房东那独生儿子死去后，明天就要开吊念经，一热闹起来对于我们倒有好处，可是他们正因为家中的丧事，就非得我为他把房间空出来不可。搬既无办法，我们只有送他幅挽联。你来为我想一幅挽联，下午过我家中去帮帮忙罢。”

“有什么可写的?这件事我全不在行，找李先生去!”

“你在行，不是什么了不起的大文章，随便做成写上就得了。”

“实在不行!这不是逼得出来的事情!”

“不要推辞，这种事也推辞!你只想，这是一个年纪很轻的人，正在一切成长能够大有作为的时节，无意中死了，觉得很可惜。如此做来就完事了。”

我们把挽联说妥后，又说起关于近来每个作家稿件受商人的苛刻处，海军学生就告给我有人正在旧事重提，商量“作家协会”进行组织的事情。发起这个组织的，还在三四年前，当时因创造社方面的出版物，正希望从这个组织的保障下，得到出版自由的方便，故最热心于这会的也是那方面一批人。发起那个组织的动机，既由于创造社，内部一切也有被创造社控制的情形，到后这会便无结果而散。这一次，却似乎因商务编辑部兴资方发生了龃龉，那方面有几个人在本身痛苦上，感到这协会组织有存在的必要，同时又有些人以作家地位，也认为这会应当努力弄成，作家中之纯左翼，则尤其需要这个会，来帮助他们在出版上取得最大的自由，在商人间办交易方能得心应手，故海军学生及其他诸人，如叶圣陶，陈望道，章锡琛……莫不认为这个协会有产生的必要。

关于这个协会过去事情既尚保留在若干人记忆中，希望它组织坚实健全，且希望它不至于为某一方面所单独利用，用何种方法产生，用何种方法去维持，方不至于陷入两年前“中国著作家协会”困难境遇里去，方法上实在值得注意。海军学生在这方面便有所主张，以为以人作单位不相宜，以团体作单位也不大好，目前照各方面的意见，则似乎有以各个书店的编辑作为主体的趋势。然据我意见说来，却以为这协会首先即以各个书店编辑或刊物编辑主体，假定其人即为协会当然执行委员之一名，对于目前稿件出路问题，虽可以得到相当的解决，其他较大问题，是否这几个身在上海的编辑先生知识与能力便可解决？说来就使人怀疑了。

照海军学生意思，他总以为这个机关只要能比较公平的产生出来，先成一个同商人对抗的团体，每一个作者若受出版商人过分苛刻时，依赖这个机关，就能够得到他应当得到的那一分利益。其次便是用这个团体，以不合作为原则，从政府方面争取出版的自由。政府方面的争斗效果如何，当看这个团体内部的坚实与否而定。至于与商人对抗，则胜利实不待言，因编辑者即协会中之事务执行者，战胜困难，可谓毫无问题。

当时协会的计划，在卖稿一类目前打算以外，还有其他几件事，也认为协会的工作，如由协会来监督或指导一些向国际方面发展的工作，如由协会来建议对于本国出版法某种意见；在国际方面与本国方面，凡有关于原作者权利受侵犯后，或无从由目下现行法律得到何等保障，或法律虽曾规定而情形不合无从援引时，则这个协会，当以团体负责者名义，向各方作出有力的主张与公正的说明。

因为这协会的组织，以各书店有力编辑与刊物责任编辑为主干，要这种商人雇定的编辑，替作家利益说话，同时若干编辑不是书业股东就不宜于称为作家的人物，从表面而言，仿佛他们一来就可以控制出版业者的恶习，事实上却恐怕连原来的那一点点利益也完全弄掉了。并且这协会当发起时，首先就有三数经营出版业者用作家资格加入这个协会，这样一群人物，对于国际文化发展上，以及对于在本国向政府应作的事情，能够弄出什么成绩，实在就使人不能乐观！

我听他那番叙述，且看过他拿来的那一束作家协会发起人宣言，因为他对于这件事那么热心，我就说出我的意见：

“鱼和熊掌不许我们同时得到，这是一句老话。这协会因必需解决作家的生活，想在目前把大部份稿件向商人卖钱，故把几个书店中的编辑作为协会主持者，我不反对。若我们当真还希望这协会对于国际文化发展上有一点贡献，我们所知道的这几个编辑先生，恐怕他们忙不过来！”

海军学生说：

“休，你是不是怀疑他们的热诚？”

“我并不这样。”

“那么你以为他们能力不够是不是？”

我说：“是的。事实上他们能够作这件事，就不能够作那件事。要他们卖稿，就不能再责望他们作经手稿件以外的工作。对于作家协会组织既不是单为稿件寻出路，执行委员的分配，便不得不需要一番考虑了。”

海军学生就说："那是无办法的问题，因为将就这些人，明明白白知道这种计划并不能够得到很好的结果，但总得有人热心去作！希望大一点并不妨碍这分事业的完成。目的在那一方面，眼前事实只许我们作到这方面，我们也得去试试。我以为用较生疏较艰难的事情，训练我们的能力，即或失败了，也比因为畏难苟安保守现状较好。"

我并不反对这件事，因为我明白当时的情形。政府的限制与商人的刻薄，两方面逼迫到作者无路可走，作者是常常无法维持他的生活的。希望政府宽容同希望商人公道，既同样是一个徒然的希望，那么作家的事作家自己不想法来解决，还有谁人能来解决？本身的艰难不由自己想出救济的办法，仿佛只等待另外一个时代的人来为我们呼唤，这自然极不合情理！并且我们不止为我们自己打算，亟需要这样一个组织，便是我们时代较后力量较弱的作家，也更需要这样一个组织！

但我总觉得这个协会所能做到的，同理想相去太远。且根本上有若干适宜于这个协会的分子，既不能设法使他们加入，对于协会前途极有妨碍的某种人，却已显得极端活动，因此我总以为海军学生的热心处同他参加别一个组织一样，全凭天真作去，缺少理知来自加检讨。

海军学生一忙就显得更瘦了些，望着他那个瘦脸，我什么话也不说了。凡事他比我作得认真，我却常常比他想得透澈。

我们为这个问题讨论过将近一点钟，他被我说服了，“不必对于那个会怀了太大的希望”！我也被他说服了，“加入协会”。十二点三十分后，他从我手中拿了六块钱，同那两份报，并那本《艺林外史》，和我一同离开了住处，一同从北四川路向南走去。走到恰在装修门面的惠罗公司门前，他说他应当过先施公司去买那个作挽联的白布，就伸出手来捏了我一下，且向我挤了一下眼睛，笑迷迷的从马路边走去了。

我在四马路把饭吃过后，大约已三点左右，就走过法租界他们的住处去。丁玲女士见了我，问我海军学生是不是已到过我住处。我就告给他午前的一切情形。知道海军学生还不回家，我仿佛就有种不祥预感，以为一定出了什么事故，带笑说：

“他约好我来写挽联，他这时还不回来，莫非路上被狗咬了。”

丁玲女士正在小孩身边为小孩子折叠一片围身的白布，满不在乎的说：

“不碍事，身上并不带什么东西。”

“他应当小心一点，他那么洒脱，我为他担心。”

“从文，照你这种胆小，真是什么事都不能作！”

我并不胆小，我为了证明我的担心不是毫无理由，就为她告给了一件从朋友处刚知道的“故事”。但她想让我明白上海租界也有上海租界的好处，就为我也说了一个新故事。瞿秋白身在××某一时节，成为上海方面的负责人，这是一种人所习知的事情，直到××××年，中央的通缉命令既未撤消，××的职务也未交出，去年从俄国奉派回国，在上海电车上，一个下班的巡捕认准了他，轻轻的招呼他：“瞿先生，什么时候回国来了呀?”他自己还料不到有这种事情，只好结结巴巴的说：“回来不久的。”但因为是租界，租界上的巡捕还不至于好事到捉了人往别处送去，因此那巡捕虽认准了他，到后还是自由离开了那巡捕，并不被当场逮捕。

我觉得那个例子并不能说明目前一个人的安全。照海军学生在我住处所谈的看来，他似乎随时随地都有捉去的机会。但从丁玲女士态度看来，则又似乎她自己也还并不明白海军学生生活。我为她那分镇静有点着恼，我就走了。

到了晚上，我把饭吃过后，终究有点不大放心，又走过法租界去看他们。海军学生仍然还不回家。我问她是不是有什么事情要我作，她就要我为她照料小孩子，一个人出去了约一点半钟，方匆匆促促的走回来。问她有什么消息没有?她只咬定下唇微笑着，把头摇着。

十八早上我又过她那儿去，一看情形我就明白海军学生还不回来，猜想这人一定已捉去了。

我说：“为什么晚上还不回来?这是不是有例可援

的情形？”

小孩子的母亲，夜来整个晚上似乎皆不睡觉，正坐在小孩摇篮边，为海军学生缝补一件旧衬衫，又像心中十分焦躁，方故意把一件不必作的事来消磨时间。听我说到海军学生的去处时，神气很镇定，依然微笑着，好像那微笑里有几句话：

“一切的灾难，假若是自己预先认定了应当有的那一分，迟早这一份还是得接受的。人事应当去尽，万一捉去了，就设法来救他，杀掉了，自然就算完事了。”

这份因勇敢而来的镇静，对于她实在大有帮助。两个月以后，若非她这种长处，把小孩送回湖南去时，我们路上一定将增加不少麻烦。且到了家中，她若不能遮掩她的悲痛，海军学生失踪的消息，一为那风烛残年的老太太知道，那方面就更不知糟到什么样子了！

当时既不见海军学生回家，把所有上海各种报纸买来，在社会新闻栏内去检察，并不曾发现一个汽车撞伤一类可以疑到海军学生身上的新闻。在逮捕案件上也并无征兆可寻。想去两处相熟的地方探听消息，又担心那方面住处的人已被逮捕；正等候探信的人落网。并且本衖里刚不久还捉了人去，这屋里说不定业已早就被人注意，人一出门也许就有跟随的……且说不定什么时候还会有人进屋捕人。丁玲女士既不适宜于出门，故只好让我各处去看看。

我从法租界跑到闸北，从闸北跑到静安寺，从静安寺再回到万宜坊，各处跑到了，皆无这个人什么消息。且到过熟人×××处，用电话向公安局方面熟人询问。近日来是不是捉了些人，公安局方面也无什么线索可寻。

但一到下午，我们就从××处得到了海军学生业已被捕的传说，回到住处去，把两天来一切哑谜全弄明白了。

大约七点钟左右，我从万宜坊回转北京路宿舍，慢慢的转着圈子，爬上那三层高楼，在宿舍门前，见着一个骨瘦如柴的老人，瑟缩可怜藏在角隅灯光隐蔽处。侍役把门一开，见了我后，就说：

“沈先生，有人找你，等了两点钟了。”

那瘦人这时已站起来了，端相了我一阵后，便从袖口里，伸出那么一只干瘪瘪的黄手。捏着一点什么东西似的，且忽然命令我把手摊开，我在慑于一种不可言说的压力下，竟不得不照他说的作去。原来他那只干瘪瘪的手与我的手合拢后，即刻把手收回，仿佛一不小心就会将什么传染病给我的样子。先一刹那间我还以为这人应当是政府一个侦探，装作那么萎悴样子来探听我消息的。如此一来，便即刻明白他的任务是做些什么事了。我要他在门外等等，拿了那小小字条到房中灯光下去，展开字条一看，就知道是海军学生从某处写来的信。这人恰恰如我所料，昨天下午已为公共租界的警探会同

××的××把他捉去了。

信那么草草写着;

休:我遇了冤罔事情，昨天过你住处谈天，从住处出来到先施公司，遇女友拉去东方旅馆看个朋友，谁知到那里后就被他们误会逮捕了。请你费神向胡先生蔡先生一求，要他们设法保我出来。请吴经熊律师，乘我还不转移龙华时，进行诉讼。你明白我，一切务必赶快。否则日子一久，就讨厌了。奶奶处请你关照一声，告她不必担心。我的事情万不宜迟，迟了会生变化。我很着急!

崇轩

捏了字条往外跑，把那个老家伙一把拉回房中后，我就问他一些信上还未提及却又必需知道的事情。这送信人把头只是乱摇，用手指点拿在我手中那个信，“你看这个”，我于是再看了一次，方发现那揉皱了的纸角上，海军学生还写了一行很小的字，那行字是——

事不宜迟，赶快为我想法取保。信送到后，给来人五块钱。

恰好我身边刚取得十五块钱，送了他五块钱以后，这人方说：“你们赶快一点，押过南京就难办了。”我说“可不可捎个回信去?”那人说：“不用写信，你就告我我记得!”我就求他转告海军学生不必心慌，我们在外边的总尽力去做应做的事。那人蹒跚走下楼梯后，我即刻跟着下楼，过北京路坐了一辆黄包车，过万宜坊去把这消息报告给丁玲。

那时节小孩子正在吃奶，作母亲的正在桌边翻阅一册×××小说集，见我进门神情不同，就说：

“怎么样?又回来了，有消息了罢?”

我不作声，对于她用全副精神很高兴的样子看一本通俗下流的书籍，觉得很不可解。她似乎明白了我的感觉，便把书递给我看，原来这书不是平常的书，里面有一部分业已挖空，大约为了安置别的什么文件，方用这本学生通俗读物来作遮掩。她把这书举起又放下，我便知道我是有了小小误会了。我把海军学生适间送来的字条递给她，她默默的看下去，末了抬起头来问我。

“谁带来这个东西?”

“一个老而可厌的家伙!”

“跟来在外边吗?”’

“送到我宿舍，拿了几块钱就走了。”

“你回信怎么说?”

“我告给那老家伙带了个口信，要他一切放心，在外边的总为他尽力援救。”

把信重新看过一次后，她似乎忽然从话语中领悟了什么，急急促促的向书架边走去，把一本书翻了又翻，注意那书皮与第一页及末页的衬纸，这一本书寻找过后又去寻找另外一本，把书架上某一部分书全挪动后，皆不曾发现什么东西。她所找寻的正好像不过一片小纸，或某人的通信处，或别的类乎通信地址的平常东西，但寻觅结果还得不着。

“糟极了，他一定把那东西带走了！”

我想明白是什么重要东西，问及她时，她又说“不妨事，全不妨事，带去了也不危险。”但从她那神情上看来，假若海军学生当真身上带了这种文件，一入狱被察出时，显然增人忧虑。且从海军学生来信上加以研究，则这次同遭逮捕的，必还有一些极其成为问题的人物在内，海军学生必十分心慌，最怕牵连在一块办理。

我们把来信语句过细研究一番以后，且就日里所听来其他消息加以对照，便知道海军学生情形极不妥当。但那天在东方旅馆方面既无什么会议，海军学生又不过一个文学作家，对左翼文学理论方面所具的理解，究竟已到何种程度，友朋间看来殊可怀疑。从他谈吐间找寻结论，则促成这人转变的，实在还只是一种南方人单纯勇往的热情，并非出于理知的抉择。不过由于过分相信革命的进展，为一束不可为据的“军事报告与农工革命实力统计”所迷惑，为“明日光明”的憧憬所动摇，彻底的社会革命公式把他弄得稍稍胡涂罢了。并且××方面他既无多大关系，由作者地位说来，则夫妇二人又俨然有号召大部分读者的势力，可谓社会知名之士。所以在我意料中只要案情不过于复杂，少其他牵连，同时秉政者衡情酌理，明白这人之不可杀，不必杀，则海军学生案件，至多不过判处徒刑两年而已。

当时丁玲女士虽担心某种不利于海军学生的文件，或为警探所搜去，实在麻烦，然而想到逮捕地方既不是海军学生应去的地方，别方面纵有何种会议对彼却无关系。且本人以作家出面，上海既不比内地，政府纵胡涂，也不至于冒犯国民的感情，作出把一个思想比较左倾的作家也牵去枪决的事情。当时我们以为一面想法请人取保，一面请律师代为设法。第一，对犯人从租界引渡加以抗议，第二，把作家地位以及在作品上所负的责任加以说明，请求当局注意，第三，进行诉讼上所必需的辩论与说明，使海军学生得到自由。我们就商量了几个办法，我去请徐志摩、胡适之先生等代为介绍吴经熊，并去信南京中央研究院，请蔡先生同杨杏佛代为探听下落，向政府方面说一句公道话。另外又去信武昌，北京，如××××××等，希望他们帮忙，务使海军学生在作家名分上，得到一种保障，不致与其他人牵连视同一律办理。

感谢各方面师友对于这件事的重视，以及所尽的种种帮助与营救的方法。关于律师的事，得胡、徐去信介绍后，又恰好丁玲的熟人李×先生，正与张志让律师相熟，这张先生既同吴在一法律事务所合作，又极热心于××友好灾难的援助，故丁玲女士就预备把这事完全交给他们，先托他们探听海军学生的下落，再进行营救。那时节海军学生第二次又从狱中送信出来，措词更焦躁了一些，最担心同一些不相干的人引渡过市公安局，催促我们赶快想法。且说他已经受了拷打，过中国监狱去他更受不了这种待遇。过两天后，律师方面把本案情形略弄明白，为了办案方便，他们又把这事件转介绍我们去找寻江一平律师。我们去见这个事务丛集的青年律师，还刚走进那个挂有执照文凭空屋子里坐下后，得到了从别方面来的电话，说××逮捕的一干人犯业已有引渡的消息，再同他一谈，他便去电找×××律师，询问龙华司令部方面新近在公共租界逮捕引渡的一批犯人中，有不有一个×××。回电并引渡人犯事也不提，只说不知道这件事，过军法处查询也无从查询。××是政府方面的人，对这事不能答覆，便使本案又转入歧途。人被逮捕既为事实，引渡消息又殊可靠，则人犯或又正如某一小报所说，业已直解南京，也未可知。不过人既无着落，律师对于本案帮忙无力，白费了这个青年律师两点钟的时间，两人便只好道一声歉走出那办公室了。

人的下落究在何处，上海方面既苦无眉目可言，我们预备过南京去询问。我到南京见蔡××××××等后，谈到这件事情，这些身居中央要职的人，就老老实实说这类事他们无从为力。武昌方面××来信，也说业已函×××设法，×××就申明这保人的事很不好办。照当时政府的行为看来，谁对于青年要好，保释这种年青人，谁就多一分共产嫌疑。且从这些伟人方面来探听海军学生的下落，则海军学生似乎因为是一个知名作家，政府就决不会凭空把他逮捕，还认为逮捕是一种误会，一个谣言。

我们也愿意事实恰恰如此。但海军学生的信，不是很分明的说出一切情形了吗？回上海时，想起海军学生或者正被人缚着用白醋灌入鼻孔，或裸着胸脯被人用香头逼炙的神气，使我难过得很。这种用刑强迫逼取受难者的口供，出于我在军队中清乡时亲眼见到的，大约就有一千个人，这一千张不同的苦难面孔，到这时节一一再现出来，且在灯光下看来，整个车箱内的每个同车者，那脸子都似乎是一个我所认识的罪人脸子。上海租界的刑讯，虽由于物质文明的进步，香头熏炙一类方法，已用电刑来代替，但那种受难者在折磨中所有的境遇，却大都一律相同。我记起海军学生平时那副清瘦的脸子，记起了他生气的情形。

回到上海后，把一切经过同丁玲说明，这个案件既无从求助于法律，也不能从人力上得到开脱机会，我们应当怎么办？我们同×××夫妇四人商量了两个整天。

这时节，外面风声因捉人而更紧了些，在海军学生失踪后数日，又陆续有了些……所发现，监狱中又增加了一些青年学生。丁玲在原先住处，先还用“先生过汉口有事去了”来搪塞房东的询问，谁知房东早已看明白了此中情形，只希望她赶快搬家，不要到时出了什么事情连累主人。同时她自己也担心住处会为侦探知道，一时无其他办法脱身。

一时既无其他适当住处可以搬去，只好暂且到西门路西门里李家去住，把一个生下地还只七十天的小孩，同一些零碎衣服，先行迁去，再来搬其他粗重东西。

关于失踪者的下落，不久就又从海军学生自己想方设法露出一点消息，知道他还在公安局，又知道他自己不久就得过龙华，请赶即想法找人取保。为了这样一个消息，使我第二次再过南京，从南京方面得到了蔡先生的一封致上海市长的信，回上海拿了这信去会张群，从一个秘书方面始知道原来一批人犯两天前已转过龙华司令部了。

到了龙华司令部，使我们更担了一分心，同时也放心多了。若干日来我们希望莫引渡，既成为徒然的努力，如今却又希望不过南京了。按照习惯青年政治犯一到龙华，就似乎有了着落，所犯的案件麻烦一些，不久必押过南京，或就地枪毙。所犯的案件无头绪可寻，或不甚重要，便定下一个徒刑的期间，或七年八年，或五月十月，到判决时若有人向某一方面设法，譬如说，×××××之类，就可以减轻一些。本应作三年的，有人说一句话，也许就可改成六个月。恰好复旦方面有个姓祝的朋友，半年前因文联剧联的小小嫌疑，被捕去后，略加讯问，就被判处两年零十个月的徒刑，再经过一道希奇古怪外人莫得其详的手续，又复从那个年限中减至六个月。预计羁押期间已四个月，于是把这点日子折合半数，再坐几个月牢便放出来了。

这×君既同××略有关系，刚被释出就来找寻丁玲，故见面时谈及内幕，我们方明白了年青人被逮捕得释放还有另外一种理由。我们心想一个人既然在正当法律下毫无保障，又无法使这类事从南京方面设法，如有什么方法可使这些军法官，发生慈悲，求他们真正公道一点，这方法倒不可不注意了。我们从×君方面的询问，得到一分知识后，就又向一个郭女士处去探询。郭女士正因为同样一件事情，送了一份八百块钱的礼物，给她一个广东同乡，这同乡很幽默的收下那礼物，似乎本来就明白凡是年青人被拘押的皆出于无知被骗，故极热心来主张公道。海军学生既不能从法律得到公道，也就只好从法官要点公道了。我们为了这件事各处去筹钱，这件事情很得到几个人的帮助。丁玲卖了两本书，又借了些。

但钱得到手时，便发生了一个问题，郭女士因为替那在押的筹钱回广东去了，我们想把这钱来买公道，可不知道这买卖应如何作下去，同谁接头，钱交谁手。

案情又似乎缓和起来，海军学生有信捎出了。信上说一切还好，但事一持久必被牵连，最好乘此时设法保出。送信人自然还是五元。这送信人把酒钱得到后，看明白了我们的意思，恰好他同老国会议员相熟，那议员就是同丁玲要好早已死去的王女士的父亲，问及他这件事，他便慷慨陈词，愿意替我们“买”公道。他把这件事说得有条有理，在叙述几个过去的故事时，就举出些很谐趣的理论来证明。他知道这些事情之多，完全出乎我们意料之外。丁玲相信了他，要他做出点成绩来看看，他答应以后便走了。

第二次他带了海军学生的来信，也说及这人可靠。于是我们被他骗了一手，把一笔小款交给了他，这钱被他骗到手后，他究竟如何去办交涉，这就只有天知道了。但他也不白白的得了这笔钱，他指示我们个方法，如何照规矩去探狱，他把一切手续告给我们，我们因此还能够在海军学生被捕以后，死去以前，在狱中隔着双重铁栏互相招呼一次。

自从这一次见面以后，海军学生便从这世界消灭了，无一个人明白他到什么地方去了！至于这样一个人被捉去以后，不闻宣布如何罪名，便居然消灭了，初初看来仿佛很希奇，且在稍有人权法律观念的人看来，会觉得这种处置青年人办法很可怀疑。但其实这是城市中读书人的看法。若一个稍稍明白内地情形的人，就不会如此了。这种杀戮在内地极其平常，十年来是无可统计的。古怪的不是这种青年人的失踪，应是大多数人的麻木。这种麻木包括读书人与×××在内，他们既不知把一些青年人杀去，对于一个民族是一种如何损失，大规模的杀戮虽日日在举行，多数知识阶级还扪籥谈天，专在一些无当于实际的问题上有所争论。……

我们因为还想从那个专在牢狱中传书递简的人得到点消息，丁玲明知道这个人并不怎样可靠，遇着他来时，必依然作成很亲切的神气去款待他。这人所得的“酒钱”本已超过了他应得的数目，每来还得很好的待遇，一件落实的事情不作，似乎良心也不大安宁，就告给丁玲，她到本星期×可以去探监。这人既不是××的侦探，却同那一些道中人十分相熟。他知道谁应逃避谁极重要，故他提议“太太只管到那边去决不吃亏”。他告给了一切手续与方法，他的言语自然极其合理可信。丁玲相信了这种提议，便为海军学生办好了一条草荐，一条棉絮，两套汗衣，两双袜子，一提盒食物，照所指定的日子，邀我陪同她过龙华去。去时她换了一条灰布短棉衣，同一个在吴淞丝厂作每天值二毛八分钱工的乡下女子完全一样。

因为知道那方面人多，正式挂号在九点钟，挂号的人数又有限制，恐慢一点错过了机会，我们七点以前就到了龙华。

天气正当小雪以后复酿大雪，灰色酿雪云满布空中，风又劲急，我们便站在那司令部大门口当风处，等候挂号的时候。去时丁玲总还有什么不放心处，敢到那地方去，还似乎是拼着捉去就可以见海军学生那么勇气，把胆怯处掩着，到了那里以后，慢慢的探狱的人越来越多，其中无所不有，同时且见到了×××同××，也居然装扮成为南市鱼行中商人样子，腰边缠裹鱼腥气扑鼻的围裙，提了一个紫花布褡裢，又见××女士，上海少奶奶式的装束，提了点心一盒。又见着复旦两个大学学生，也属于×××，同丁玲是认识的。又还有些零工装束同小商人装束的人，虽不能互相谈话，却一望而知是为了同一目的来到这里的。渐渐的来的人越多，因为知道来探狱并不算得一种冒险，丁玲也越放心了。

来到那里的熟人虽多，间有正预备会面还无从相见的，这时节却因耳目接近，各人装束不同，不敢相互说话。各人皆匿笑着，为对面一个的装扮匿笑着，却各自站在桥边或路中，等候报名的时间。

这真是一个长长的期待！天气实在太冷了点，风又太劲太急，所站立的地方又恰恰是过道透风处，各人不敢互相招呼，皆沉默的等待着，或故意走到一个原本相熟的人身边去，交换一个仿佛无意写在口角的微笑，且好像同时也就交换了一种语言，或是“你也来了!”“冷呀!”“不碍事，不什么危险，也不很冷!”大家皆明白，大家皆能会心。因这点会心的招呼，稍稍解除了些期待的无聊。但到后人越来越多了，就有披着灰布棉外套的卫舍兵士，来编排指定各人的地盘，把各人带来的东西安置不当路处去，这一来，走动的权利剥夺了。既然走动受了限制，大家只好从门前大路间或一辆急驰而过的汽车声音上加以注意，藉以打破全体的沉闷。从七点等到九点，因为各种来探狱的人已很多，每天既只能挂四百号名，挂号便提早了半点钟。那天大约有六百人齐集在门前，至少有两百人走了一趟空路，有两百个囚犯白白盼望了一整天。

挂号完事后大约已十一点钟，照例这四百号请求接见狱犯的字条，得由警备司令部军法官批准，才能拿了这批准字条，分组到监狱里去。照规矩把批就“许可接见”的字条发下应在十二点，入司令部监狱应在下午两点。到了十二点后，军工厂汽笛已响，工人皆陆续出门，我们还是在那里等着，谁也把全身四肢冻得僵僵的，谁也不能吃饭。都只希望那字条赶快发下来，再过一阵就可以拿了字条过拘押人犯处去。直等到下午一点半，一个小军官把字条从里面送出来，各人蛆似的围到卫舍司令部小门边去。

这种字条的发给，是按照秩序以及人名叫唤分发的，有些人的字条不知如何被扣下，有过经验的人就知道犯人已被枪决了。轮到我时我们真担着一分心，只深怕把名字逃过。但很好，一张仿佛屠宰捐单据样子的字条，上面写着字，盖了一方小小朱红图章，居然交到我手中了。

得了这样东西，我们竟忘了大半天的饥饿寒冷。

报名分十人一组。从外边进去，也是十人一组。各人抗负所带来的物件，跟随一个手持大棒的灰衣壮汉，转湾抹角沿兵工厂墙角走去。几天前融雪后的泥泞，在寒风扫荡中已结了冰，地面既坚滑异常，又得在这种极坏地方追赶那壮汉。因此许多站在寒风中等候过久四肢业已冻僵的人，尽只摔倒，把带来食物四处播散，把背上棉被远远的抛去，自己努力爬起总爬不起来。一面看到这种忙乱的情形，一面还看着兵工厂机器间流出的黄水，热气腾腾，若干不知名的四方红色砖砌房屋，各以远近不同，发出种种的声音，在耳边吵闹着，同时还听到远远的市声，使我们感觉一分异样情调。

在一堵墙转角处有人摔下，一个小小包袱远远的抛去，掉到那个充满黄水的塘中去了，这人像只小小兽物那么发着痴，竟不知道怎么办。再过去一点，又有一老妇人在地下打着滚，后面的人赶不及来扶起，却从身边迈过赶上前了。

看见这些情形，总使人不大容易忘掉。这一角一片小小世界，一刹那光景，使我们真像得了许多知识。

一群人胡乱跟着那个壮汉，终于走到了围墙尽头处门边了。那地方有砲垒一般的小哨棚，和平常北方大户一般的栅栏门。到了那里时，我方知道进来的虽分组进来，还仍然得集聚齐全，把字条一一交进去加以检验，方能进里面去。不管如何我们还得等候外面的人。把外边分组进来的人等齐后，又得等管狱的知会，兵士方能开门。开门以前又须分组为每次二十人，一一验看军法处的字条，核对无讹，才许这人把带来的行李，从一道高将齐眉的木栅抛上去，请求兵士接过，自己也依赖着兵士的援助，攀援过这一段栅栏，方入监护牢狱的小兵营。

时间还不到，天空中落了雨挟雪。

为了亟于一见海军学生的希望，我们一面十分焦急，一面便也忘了一切，只依然等待着。这时节因各人挤集在栅门边空地上，监守的壮汉皆站在较远处，有人想荡过墙边洒尿的，那兵士就把大棒扬起吼着“嗨!”把那人的行为止住。各人既挤得很紧，于是原来不敢谈话的，皆有了机会轻轻的来谈话了。然而各人身旁的××，谁也不敢谈所要谈的话，却不约而同一致的来注意天气讨论天气。谈落雪，谈雪后如何不适宜于在泥地中乱跑，且谈冬天落雪时的鱼价。

丁玲女士到这时，各处搜寻熟习的同道，同那个身穿蓝青布长褂缠着一条鱼腥气扑鼻围裙的×××说了很久的鱼价。这个×××，不止明白上海的鱼业鱼市，还明白天津的鱼业，汉口的鱼业，福建的鱼业。我望到他那个为劳苦所磨折的小脸小眼睛，心中充满了一个观剧者发现某种秘密时的惆怅。

丁玲又同一个大学生去说学校放假期间，讨论假期长短和得失，也谈了许多。他们自然并不专指鱼业行情学校假期而言，但当时却似乎并无旁人注意这些谈话。

在这些时间中，我曾细细的观察过所有等待在那里人的神气，我仿佛读了一本书，慢慢的把这些人的命运安排到我那本书上去，等待中的时间便忘掉了。

到管狱处允许开门时，第一组有三个人被把字条发还，拒绝入内，我们方知道所有字条并不全是一个“准”字，许多人才来好好的注意一下手中的东西。原来关于这次租界被捕一案的，以及在其他方面因政治嫌疑而逮捕的，竟全部不许同家中人见面。所批的都是“不准”。这一来我们等于白在寒风中冻饿一天，大家皆显得十分失望。鱼行中人的×××，知道尽蹲在这里，其余人进里边去后不能进去的或反而受人注意，就自言自语的说了些俨然市侩的话语，匆匆的走了。另外几个先前不为我们所注意的乡下人，这时看看自己字条，也赶先走了。有些人则得了准许的字条，从栅门上爬进去了。过不久，一群聚集的人渐渐少了起来，有两个中学生样子的青年，站在我们身边，展开他那个字条给我们看，原来他们也是来探看上次被捕之一群中的柔石、冯铿两个伴侣的，这青年并不认识丁玲女士，却以为我是××，同我轻轻谈了些进到里面的方法。但等了一阵，眼看着毫无希望可言，也只好走了。

到了这些地方，上面不准下面是无法可设的。然而我们却始终很固执的等候这种意外机会。

进去的人益多，走去的也已不少，看看那里只剩下四十左右不批准的人时，查票放行的办法有了通融处，对于批准的分组法也不如先前认真了，有人就请求他们许可全体一同放进去。一个麻脸兵士说：

“进去也无办法。批准了的见犯人也有秩序，不批准的进去了还是见不着你们的人。里边管狱长有手续，不是我们不放你们进去！”

有人就说：

“见不着人也不碍事。”

又有个老妇人扳着栅栏请求让她进去，且说只看看就出来，又有人甜甜的同那兵士用乡亲话语谈着那点希望。那四个兵士也倦了，只是还不让步。班长过来了，这班长看着像个学生样子，见多少双沉默的眼睛皆望着他若有所祈求，他就说：

“你们进去也还是无用处。我们这里只是守门，不管别的。门里边不归我们管理，见犯人还得要条子批准!”

但是有人说只请求他放进去，不见犯人也无妨，恰好有一组人从里边退出，我们乘这种机会就从那班长的默许下，挤进了七个。刚进到里边，就听外面因关门发生了争持，有一个人被兵士殴打的声音。我们各人已很敏捷的混入了若干探狱人中间，就再也不注意别的事情，门外那些人从此也不再进来，大致因那殴打全体被赶走了。

到了里边后，我们走过那正拥挤着无数人头有铁条横梗的窗边，寻觅相熟的脸孔，除了只看见所有的人头在窗边动着，口中大声兴奋的嚷吼以外，竟毫无什么发现。

但到了这里，我们却并不失望，因为虽然见不着海军学生，却已明明白白靠近海军学生受拘押的监狱了。

批准探狱的人汇集在一个面积不大的土坪里，各依秩序把字条交给另一铁门里的管狱人，过不久，他便可隔着铁窗在若干犯人中发现了他所要见的亲友面孔了。但犯人既那么多，一切安排皆不能守定秩序，想说话的人越多，互相便只好大声说话。有些人话不能说，见了面时点点头，把东西交给管狱人后，管狱人把犯人便拉走了。有些人一面说一面哭泣。又有些人声音太高亢，管狱人就用同样宏大声音吼着，骂着，制止了这种声音。会面处既共只一个四尺见方的窗口，里外各挤了三四十个人头，如此一来就有六七十张嘴唇说话，那么多人大声来说话，嘈杂到什么样子是可想而知的。但管狱的为了时间经济起见，每人谈话受着限制，送东西的把东西点清后，就不得不离开窗口，说话的也常常不能让他说完，犯人便带走开了。所以将近四点钟时，大坪中便只剩下了三十来个人。

我们在一旁看了许久，早看准了一个坐在铁门里检察信件的中年人，估计一定可以从他那里想出个办法。一会儿我们得到一个机会，一个厨子模样的大胖子，用油腻的手擦着眼睛走开了，丁玲便挤上去挨近铁栏边，把手中条子递给那管狱人。那人接过手看了一下，又看看丁玲，把头摇摇，一句话不说，条子掷还，很显然我们已失败了。

又过一阵，人更少了些，我又得了一个挤上前去的机会，仍然把字条递给他，这人又看看我。他从我们神气间看明白了我们请求他帮忙意思了。他问我："为什么明明白白写定了'不准'，还来这里做什么？"我们说不能见面是不是可以把捎来的东西送给这个犯人。旁边就有人说这事谁也不敢作主，不管送什么全不成。但来了个军官样子的人物，神气似乎很凶恶，在铁栏里来回走着，那检察信的拿了我们那个字条，同他说了几句话，谁知那军官即刻就走过来同我们说话，且很和气的告我们这人上面有命令不能见面，就不能见面，送东西也不许可。但若身边带得有钱，不妨给犯人送点钱。我们想交三十块钱给海军学生，他却说有五块钱够了，钱多了没有用处。当他把钱拿进另一铁门，我们照他所指派站在那窗口边等候收条时，从兵士口里我们方知道这个人就是管狱长官。一会儿，只听到有个带金属脚镣的声音，从第二道小铁门处走过去，一眼望去，那正是海军学生的影子。我把海军学生走过的地方指给丁玲女士看，我们正说着，那个带脚镣的他又走回来了。丁玲女士便叫着：

“频！频！”

相隔那间空房不过一丈二尺左右，只要一喊叫，那一边也注意到了，便停顿了一下，把带着放光铁手铐的双手，很快乐的扬了一下，即刻又消灭到门背后了。

“是他，是他，他很快乐，很雄，还是一匹豹子！”

“是他，我一看那背影就知道是他，我看到他在那里！”

“样子不像受苦的样子！”

“还有脚镣手铐！”

捏着那张海军学生亲手写来墨汁淋漓的收条，我们互相说着且苦笑着，指点他适间所消逝的那扇铁栏门。但从此以后，这个海军学生就不知道消失在世界另外一个什么大门后面去了。

天已入夜，落了很大的雪。

从龙华监狱里，知道了海军学生还好好的生存在这个世界上，对于前数日上海报纸所传述的离奇消息，便得到了一个证明。人既然并不如传说所谓“当时即已枪毙”，又不至于“随同一干人犯押过南京”，故我们当时对于这人的安全，似乎又乐观了些。且因为南京方面朋友××夫妇，为此事在南京出了不少的力，到处去探听这案件的种种关系，又托人为海军学生说话，所得的消息也使人觉得放心。因此一来，我们便以为海军学生纵或在牵连中，无法用他作家的身份，得到些温和的待遇，但一时之间，也总不会发生什么问题了。朋友×因为在×××××作事，知道处理××案件的皆×××，××中央党部，且此类案件即或在长江中部发生，也无不受南京方面的指挥。海军学生若这时还不适宜于死去，还应当留下一线希望，担负将来艰巨的事业，在某一方面，若有什么完善的方法，能够保全他的生命，这方法自然有注意研究的必要。

下面就是朋友×特为此事从南京赶来，同丁玲商量营救海军学生的一次谈话。谈话时我在他们的旁边。

“上海关于×××××事，多从×××手中经过，为海军学生的事，我见过了×××。”

“怎么样了?”

“我提到一般舆论,和小胡本人的过去。我想若果我们还希望他活下去,我们便得想出几个方法来,这个办法不成,换上一个,还是不成,又再来一个。”

“我们不是一切方法想过了吗?南京要人方面,私人方面,上海方面,……我们把方法全用尽了,就无法对于这件事得到一点好结果。”

“我同×××谈及这案件,说起海军学生本人一切情形,和他朋友的意见。我还老老实实的说,政府不应当很糊涂的让这个人长此失踪。政府方面若还有几个懂事明理的人,知道一个知名作家需要如何待遇,方像个样子,对于目前的事便得有个补救的办法。”

“你真那么说?”

“我就那么说。并且我说的不算费话,×××对于我的意见,作过如下的答覆。他说:‘若果上海捉了这个人,我们当然不马虎处置,如果这人不是××,我们当然会很公平的处置。’我就说:‘人捉去了是无问题的,因为在×××××的案件中,有个×××的人名,就是这海军学生的别名,朋友全知道的。至于这人是不是××,即或×××,他究竟作了些什么事,且就本人过去态度而言,他这个人能作什么事,一加调查就会全部了然。并且他的朋友××和×××,可以保证这个人。’×××又说:‘我明白。蔡老先生就提到过他们。

但蔡老先生就不敢担保那个人的信仰。不过你说他的朋友××同×××，可以从另外一件事情上，证明这个人不应当一律办理，这两个人在南京?’我说：‘两人在上海，但我可以随时要这两个人来南京。’‘×同志，你要他们来，我们再商量办法。我们并不是故意想来摧残年青人，而且我们也并不疏忽我们的文艺政策。×××若只是一个思想比较稍稍左倾的独立作家，决不会在牵联中被胡涂残杀。你要他们来同我谈谈，我想见他们。’这就是我来上海见你们的理由。”

“你是不是以为我同从文过南京见见×××就有办法?”

“假若对于海军学生的安全，我们认为是一件应当注意的事情，你们再过一次南京，并不算得徒劳往返。”

“从文，你说?”

这其间，轮到我参加点意见了。我说：

“海军学生还不应当死去，还有许多重要事需要他去完成。把一个勇敢的人如此胡胡涂涂打发了，留下些投机分子，不是懦弱怕事，便是颟顸不能办事，理想不是也因此受了打击么?”

丁玲说：“从文，你是承认过南京了。假若见×××为得是去‘投降’，我们用不着去南京!”

我说：“这个字眼儿用得不合事实。我看不起。若海军学生为了自首，不如死了较好。因为个人死去了是一件小事，使××受一种坏影响自然不是海军学生所宜作的。只是假若海军学生以一个作家，在案件中被牵混死去，对于海军学生是不是一点委屈？假若我们过南京可以使海军学生得到较公正的待遇，能在正当法律下合法审判处置，我以为我们当然应过南京去。”

朋友×说：“我也就是这种意思。从×××的语气方面，只要海军学生对于案件无多大关系，海军学生凭作家的资格，可以得到作家的待遇。只要你们两人能过南京，同×××一谈，从×××方面，海军学生的生命就可以取得到一种保障了。（他指定丁玲说，）××，假若你不担心过南京回不了上海，我们就同过南京，在×××方面我保你无事情。你不怕人逮捕。因为南京若想逮捕你，上次过南京时早被人捉去了。”

“我什么都不怕！”

“可是你是不是因为别的原故不以过南京为然？”

“我的意思只是我们不应当同人接洽投降。我们不过南京谈条件，就因为这事情无条件可谈。我们要得是公平。假若南京认为也频罪在不赦，频的死是应分的，同时也是自己选定的。——不过。从文，你的意见？”

“我以为若要公平，使海军学生在公平中获救，过南京是必需的。南京方面的×××，既以为我们去谈谈，对于海军学生的安全大有关系，我们就过南京去，也不至于就被扣留。假若我们并不担心被南京扣留，去不去南京就不必讨论，只应当问什么日子去南京最相宜，你想想，是不是？”

“你以为我心虚吗？”

“我并不以为你心虚。”

朋友××又说：“×××以为你们去同他谈谈，对于海军学生的处置大有关系。你去去，一面对海军学生大有帮助，一面对于……也可以弄明白。照我意见说来，不但你两人同×××谈谈，对海军学生有帮助，即对于上海方面的文学运动，它的倾向与将来的发展，也大有关系，我认为这见面对于你们有益无损。”

她想了一会，忽然作出一个决定的姿势说：“我们去，明天就去！”

“好，明天去。”

当天朋友×回转南京，第二天我们也就搭了早车过南京。一到南京时便去找×，在×的家中，丁玲便见到了她从前在北京补习学校同一宿舍的曹、钱二女士，曹是×家主妇，钱则来到南京作党员留学考试，也正住在×家。三个人已多年不曾见面，各人的生活思想相去也益远了，两人眼见着海军学生如何把她从一伙中攫去，又遥遥的望到她成为世人所注意的女作家，如今又因海军学生事来同这两个老友在一个火炉边聚首，自然各人心中有无限感慨！

我同×出去找寻几个人，直到半夜方回家，回家时谈谈就睡了。

三个性情生活业已完全不相同的女人，似乎在炉边谈了一整夜话，直到天明，几个人方离开火炉，合衣躺到床上去。

我起床时，在雪地中却见到了丁玲一个人把身子裹在那件海虎绒短大衣里，独在院中雪里散步，我就问她：

“难道昨夜不睡吗？”

“同她们谈话，把时间便忘掉了。”

“大家都好像变了，不是先前那种样子，是不是？”

“我不觉得她们有什么不同，只是从她们两人的言语里，照出我自己的一个新样子。时间真怕人。我一个人在雪地里，思索一堆日子成就了我些什么，毁坏了我些什么。”

“我想起七八年前在北京时，落雪天几人用旧报纸塞进火炉中去当柴烧的情形。”

“用过去的记忆来折磨自己，有什么用处？”

“但这样事情也可以把‘折磨’改成‘娱悦’。”

“但你并不是个老人，只有老人他方要这种娱悦。”

“不过你那神气却显然在过去什么上受了折磨，你们昨晚谈些什么？”

“不谈过去，却只谈未来，曹只想职务莫受政治影响，好把弟妹帮助到大学毕业。钱只想过英国学教育，将来回国服务。”

“你呢?”

“我想为什么我和他们那么不同。他们对于自己的责任并不轻轻看过，但他们却那么天真，把一切希望建筑在目前这种政体上，毫不觉得希奇。”

“这种地方由一个朋友说来可以称为天真，由一个×××××者说来，就应当斥之为腐败了。”

“当然只是天真了一点。”她忽然又问我：“今天我们什么时候去见×××?”

我说“这个我也不明白。×今天应当先去看看，不管上午下午，今天必可见着。”

于是我们在雪地里来讨论见×××时的一切安排，到后来，朋友×也起床了。三个人为了商量这件事情，那么大清早站在雪地里，一直谈到九点方进屋子。为了某种原因，三人皆认为丁玲不在南京露面较好，故决定了去见×××时，只我同朋友×去。

就是这一天上午，我同朋友×两人，在××××的一个楼上小小房间里，见到了×××，我们大约谈了两点钟关于海军学生的事情。过这儿来本希望知道些关于这个人安全的消息，我们却在这两点钟内，约有四分之三的时间，皆在“民族主义文学”一名词的说明上消磨掉了。我又从×××明白了移种树木必把原来方向记清的知识，又从×××明白了另外一些与种树相去不远的知识。这谈话印象倒古怪的留在我的心上，因为×××

的诚实处，是很稀有的，同时对于这类谈话，又是娓娓动听的。但我们原不是为了这种谈话而来南京的！我并不忘记我过南京的原因，可是在那种谈话中，使我忘却了在我面前的×××，是处置了××××一案的一个重要人。

朋友×坐在一旁也只有搓搓手，间或插一句把闲话。

直到末了我方有机会说几句话，我老老实实说出我自己的立场，以及这次为海军学生过南京的意见：我认为政府假若皂白不分把作家捉去当土匪治罪，恰恰和另外一时用三块钱千字的办法，带点儿慈善性质，办杂志收容作家算是文艺政策，同样极其不智。政府杀个把人并不算什么事，只是党中有见识分子，应当明白对于一个知名文学作家让他永久失踪，也可以算作政府的不名誉。第一件事我希望×××方面为把这个人找寻出来，第二件事我希望这人有了着落后若不缺少犯罪嫌疑，就把他交给法院，第三件事我希望从他口中知道海军学生究竟。

在这问题上大约我陈说了十分钟，他也解释了十分钟，末了得到了一个也算是预约的消息后，朋友×向我作了一个手势，我们便告了辞，互相拉拉手点点头走了。

回到×的住处时，丁玲把一封从上海来的快信递给我，这信是从上海丁玲所隐避的太太友人某寄来的。那信只两句话：

×号×××××案内有二十三个人业已在此枪决，不知你们在宁所得消息如何。

我看了一下，把这信递给了朋友×。朋友×看了一下，又把它递给丁玲。

这眼睛大眉毛长的女子，看过了信，不说什么，沉默了一阵，却问我：

“见×××谈得怎么样?”

朋友×说：“谈了半天文学问题。但后来却应允我们，只要海军学生不是×××，总有办法。”

“他没有说频已——”

“他说人若押解到南京时，他还想亲自同他谈谈。”

“让他去同频谈谈吧，不管怎么样谈，我们却应当搭十一点半的夜车回去，因为我们的人事已算是尽过了。”

为了安慰她，朋友×便说：“他说若有机会总尽力设法!”

她便说：“设法！那是什么把戏谁都知道!”

当夜十一点我们又上了火车回上海了。

回到上海不久，我们从另一方面也得到过警备司令部有二十三个人被难的消息。有说这些人的去处，是在六号半夜，将运货汽车把他们当成货物一样搬运到黄浦江小汽船上，汽船驶出吴淞口后，被……。又有说是十二号雨雪中，二十三个人押过南京后，在南京某处被枪毙的。又有说收拾这一群年青人，乃半夜里在龙华司令部监狱外荒地上执行，解决以后且即刻抛入预先掘好的土坑中，日子则为二月八号。

第一个消息从某报纸传出，这类处置也并不出奇，然这次事件却无从证实。第二个消息近于可信的事实，但当时即有人过南京去探询那一群牺牲者的姓名，且向有关系方面询问，结果虽证明了枪决过一批人，却不能证实其中有海军学生在内。只有第三个消息比较可靠。不过这人若果是八号解决的，那么九号在南京见×××时，他不会给我们留下个预约，且根本就不必见我们。并且人既解决了，他们是应当明白的，总不能为一个业已枪决的人，来讨论询问白费两点钟的时间。

十八左右，我在我那宿舍里见着了郭女士，她还刚从广东取钱回来，预备用钱为她朋友向某人买些公道，她不久以前就见过××××部某同乡，从这两个广东同乡方面，她知道了海军学生业已枪决。且知道这一群年青人，其中有四个作家，两个女性，是从东方旅馆捉去的。

郭女士的同乡，把他所知道的原委一一说给郭女士，方知道人从租界移提后，有电指示全部当地枪决。因其中有几个知名青年作家在内，社会上正为此事深受刺激，上海地方不比内地，国家观听尤不得不使……加以思量。市政府方面既因为这件事有所踌躕，便用调查讯问牵延了些日子，于是这一群人犯便转过了龙华。龙华又接到同样执行死刑的电讯，那时×××正因为从飞机上摔下，在医院中将息，部中一切公文由一个参谋长处置，这人也不敢冒昧从事，仍用搜罗证据支吾下去，等候社会上对此事较淡漠时，再来解决。……将二十三人全体枪毙。故就在那天黄昏时节，把一干人犯从监狱中提出，说是当天便应押过南京审判。事实上只把这些人暂行改押狱旁小兵营里，到下午九点四十分左右，便提出过堂，还说一过堂点名后就上火车。到了审判时，犯人一一点过了名，那法官就说："×××部有电来"，把那电报读过后，又从一份文件上，诵读这一群年青人关于政治上的企图，如何与现行法令悖谬处。并且这种不承认当前局面别有打算的行为，还应受如何处分，也一一提到了。海军学生听说几人即刻就应枪决了，一句话不说，只向同伴凄惨的微笑着，且把头转动着，注意那些同伴。用温和眼光去安慰那些同伴。

于是十二个荷枪兵士，一个排长，一个监刑的副官，共同沉默地走到军工厂堆积材料的旧房子前面，把二十三个人编排在一堵土墙边，十二个兵士退后十步成一排，一声呼哨知会下，响了八十七枪，一群年青人倒下去，完事了。几个兵士方用手电筒晃着，解除了每个人手足的镣梏，且拖曳到数尺外白日里预先掘就的土坑里去，再把旁边柔软的泥土盖上。兵士们作完了事，便沉默的携着镣梏走了。

当解决这二十三个人时，正细雨霏微，到半夜落了大雨。

关于这事从监狱中在押的左翼作家×君的信上，也有过相同的报告。这个×君当天下六点半，尚与海军学生拘押在同一屋子里，七点钟海军学生离开监狱时，还以为自已将过南京，故嘱咐×君带信出外边去给我们，要我们赶快过南京设法。且在当天半夜里，×君和其他牢狱中人皆听到一阵枪响。但另外从狱卒来的消息，则又说这夜里枪声是枪决一批土匪，并非那二十三个人，那二十三个人，的确已押过南京某处，有人托护送兵士带信也送到了的。

得到这个消息后，我便同郭女士过某太太家去找丁玲。那时节天已渐黑，在×家的楼底下，见着了丁玲。她正在灯光下为小孩子调理奶粉，一见我们的神气，就似乎明白了郭女士来此的用意。但又似乎是每一个来看望她的朋友方面，皆能引起她这种感觉。

“请随便坐，郭小姊。”

郭女士却不即坐，走过小孩摇篮边去，逗弄小孩子，“样子真乖，四个月了罢?”

“三个月还不到!”

“一看是个男孩子神气，多可爱!”

“声音大，食量大，将来只好作工去!”

“吃奶粉吗?”

“吃得厉害！大人还来不及洗刷瓶子，他又饿了。一个小孩子真不容易照料，真是对于我们这种过日子的人一种嘲笑!”

…………

她虽一面同郭女士一面谈着小孩，一面却在我脸色上找寻希望。我不能一开口就说出那个事实。我不便如何开口来报告这件事，就只好代她照料小孩，尽她去同郭女士谈话。

她们谈到用钱向某方面买公道的事情时郭女士就问:

“丁玲先生，胡先生怎样了呢?”

“都说完了，”说时她似乎不能抑制自己那点感情，就用做作而成的微笑，掩饰着自己。过后又问：“你听到什么消息?”

郭女士说：“听同乡说，——报上不是说用麻袋装好那么抛到江里去了吗?不知是真是假，那么残酷，真是一群……!”

“也正有人说是一群英雄!”

“他们并不宣布罪状!”

“有什么可宣布的?这里只二十三个，旁的地方不止十倍，你在广东，广东没有这种事情吗?”

“……”郭女士显然不能再说什么了。

我就说：“郭小姊从她那个批发公道的同乡方面，得到个新奇消息。”

丁玲望望我又望望郭女士，便说：

“我明白了，那事情实在了，”说时她赶忙走到小孩身边去，把小孩子抱起，贴到胸怀间，“我明白，我明白。你说，究竟怎么样。”

郭女士于是把从某同乡处听来的一切，再说给她听一次。说到几人耳听法官宣布南京拍来电后的沉默情形，大家都觉得心中被什么东西重重的戳了一下。

住楼上的李×夫妇，赶下楼来听新消息，听郭女士说及这件事，作太太的那一个，便开始愤恨的责骂起××方面来，以为海军学生，既无罪可以宣布，不应得到这种待遇，即或被枪毙了，也应当尽尸主亲友知道尸骸所在，自己好去收殓，将来小孩子长大了，也知道还有个爸爸。并且说了不少类乎这种使人难过的话语。郭女士也以为既被杀了，就应当将被杀过的尸身交出，得弄出一个着落！两个女人自然都是因为不知道如何安慰身边的一个，方说出这些妇人儿女气话语。到后来某太太向我提议，问我们如何想法去安葬这个海军学生的遗体时，丁玲方抑制着悲痛说：

“这有什么用处?”她冷笑着，意思像在说：“死去的，倒下死去，躺入混和了泥土积水的大坑，挤在一个地方，腐烂了，也就完事了，找寻他有什么用处？我们不必作这种蠢事，费神来料理一个死人。我们应当注意的，是活人如何去好好的活，且预备怎么样同这种人类的愚蠢与残酷作战。如何活下去，又如何继续去死！”

大家没有作声，过一阵教授……，把手爬搔着他那颗光秃秃的列宁式大头，轻轻的说出他一个疑问：

“八号既发生了这件事，九号的下午，你们不是还在南京同×××谈及海军学生安全问题吗？”

我说：“因此我对于这结果也就很可疑。若当时海军学生已解决了，南京方面不会不知道。若知道了，……”

郭女士就说：“可是那个同乡他不会在这个消息上造谣，因为他无须乎如此造谣。他不认识胡先生，并且那案最后判决虽不经手，他却说明是在东方旅社被捕那一批人。”

不过在×××××案件中，前后共捉了四十余人，但其中海军学生未必在场。然四十余人中只有四个是作家，二十三个枪决的也有四个作家，郭女士得来的消息，又似乎毫无可疑。总而言之从这方面与狱中通信方面，证明海军学生已并不拘留原处，这人的去处，有押过南京与就地枪决两种传说。没有更可靠的消息时，我们自然还以为人尚好好活着，对于这人的生存，抱了一分希望来寻个水落石出的较好。

丁玲当时还能显得极其安详，继续我们的谈话，自然也因为那一线希望还存在。但再过两天后，我为她过新月书店，去请问海军学生版税，从朋友×××处，却得到了一个新消息。南京方面办理上海特务工作的某人，与×××常有过从，××说某处也有海军学生业已枪决的消息，并且时间地址人数，与郭女士从她同乡方面听来的无异。一点希望在这方面便扭断了。这恶消息让丁玲知道时，她只说："我明白，我早就算定了的。"从她那神情上，还可以看出一点什么？她沉默，但却仿佛用沉默来说明她的意见，还是上一次与郭女士会面时一样的意见。"死的，倒下去，僵了，腐烂了，完事了。不死的呢？为了那个理想，便应当好好的活，不能活下去时，也决不逃避这种凄惨的死。生活就是这样简简单单一会事，并不需要如何烦难的解释！"她当时仿佛那么看得简单，此后也仍然看得那么简单，打发了两年日子。

当我把那点消息告给她时，正是我再须预备过南京的前一日。作母亲的在这方面，显出了人类美丽少见的风度，只是沉默地把熟睡着的孩子，放到小小的藤制摇篮里去，小孩略微转侧了一下，她便把手轻轻拍着那小孩子，轻轻的说：

"小东西，你爸爸真完了，他的事情还不完。好好的睡，好好的吃喝，赶快长大了，接手做爸爸还做不完的事情。"

口中虽那么说着，声音却抖着，勉力抑制着她那激动的感情。

到后回头来凄凉的向我笑了一下，便低下头去，模仿男子的口吻，轻轻的骂了一句野话。我既然还预备过南京一蹚，让×朋友在那事情上找出一点眉目，这一来自然就无须乎赶车了。我想不出一句什么可说的话。我只觉得死了的，既然在这个残酷与愚蠢的社会中死去了，死去的方式虽不相同，总而言之便是这个人业已死去，已无法再活回来了。问题只是还未死去的，应当如何来好好的活下去？并且如果还要自由的有意义的活下去，又应当怎么样方能避去目前的危险？还有这个生命不到三月的小孩子，有什么办法方可以莫让他饿死病死？这小孩子家乡中那个老外祖母，前不多久日子里，还寄了不少小东西来，且总希望一对小夫妇带了孩子回去一蹚，如今若知道了这件事，是不是还活得下去？在那方面还没有得到上海凶信以前，这一方面又应当如何去安慰那老太太，且应当如何去哄着那老太太？我心中打量着这些问题，一时并不说话。

她于是把手边一张椅子，推送到我身边，幽幽的说：

“从文，你坐下来，我问你。你说的这件事你相信吗？”

“我可以不相信。但说那个的××，他亲自看过小胡的相片，那相片差不多就是多数人在那里最后一次留影的证明。并且同时南京方面的朋友快信，也正提到这一点。同时其他也……！”

当海军学生死去消息证实时，她在任何熟人面前，并不滴过一滴眼泪。她意思好像是：“眼泪算什么东西？在风中会干去的，用手巾可揩去的。”她因此对每一个来见她对她有所慰藉表示同情的人，还只是抿着嘴唇，沉默的微笑着，让各人在印象中，各留下一个坚忍强毅女孩子的印象。她努力不让自己为那点不幸弄衰弱，且努力把死亡看得简单。但她却是另外一种人。

几个极熟的朋友，就可以看得出她这种不将悲痛显出，不要人同情的怜悯的精神，原近于一种矜持。她其实仍然是一个多情善怀的女子，而且也不把这样一个女子在这份不幸生活中所应有的哀恸抹去。但她却要强，且能自持，把自己改造成一个结实硬朗的女人。因为她知道必需用理性来控制，此后生活方不至于徒然糟蹋自己，她便始终节制到自己，在最伤心的日子里，照料孩子，用孩子种种麻烦来折磨自己精力与感情，从不向人示弱。当时她既不作儿女妇人的哭泣，便是此后在作品上，也从不做出那种自作多情儿女妇人的陈诉。

综合各方面的消息，证明了海军学生已经不会再在这个世界同他的朋友晤面后，余下的孤儿寡妇，此后的日子应当如何支持，乃成了当时待决的问题。

并且那时上海方面新的谣言尚在继续下去，各种小报常有关于此事捕风捉影的描绘，又听说另一方面，对于这孤儿寡妇，还有一种一网而尽的计划。……况且丁玲还正有人以为她已组织××××，预备在上海方面有所活动。种种谣言不单迷乱了××，好像同时就使×××××，也不很明白她的情形。××××××××，×××，×××××××，这并不希奇。××××也算是平常的事。……教授家也许会有人抄查，也许会同时把那一对贤惠夫妇，同一群很活泼的小孩子，全部捉到牢狱中去。

在这种情形下，丁玲恐怕累朋友，便不愿意长住在朋友家里，使那家人心中不安。她只想把小孩子交入育儿院，或近于这类地方，托人抚育，独自住到一个什么地方去，打发一阵日子。

那时节，恰好过去在北京时同他们便已相熟的朋友张采真，在武汉方面因同样政治问题已牺牲，消息正传到上海，且不久，从武汉逃回来的采真夫人同一个方满周岁的小孩，到了上海后，居然被人踪迹搜寻，在租界上还不敢露面。因此原来身居上海，且在……有些间接关系的她，此后生活应当作如何安排，自然也大成问题了。

湖南内地小学校长方面，从报纸上约略得到了海军学生失踪的消息，一再来信询问海军学生的下落。且说自己年纪已过六十了，极盼望看看这个新生的外孙。若果两人因事不能带小孩回来，自己便将准备过上海看看。

这种来信增加了丁玲的忧虑，若让老人来，一来各事弄明白，这个年过半百的人，如何担负得了这一种打击？若把小孩送回去，到什么地方去找寻这个海军学生来作伴送小孩回去？若要丁玲一个人回去，那么如何通过长江武汉长沙各处，且到了家中以后，海军学生所遭遇的一切，又将如何设法来掩饰下去？

海军学生入狱以来，在狱中每次递出一个字条，即需五元。在狱外的她，则奔走南京、上海，各处探听消息，以及种种耗费，早把所有向各方筹借而来的几百块钱用尽了。新的文章在这种情形下，既无方法从她手中产生，凡是可以设法的又都已想了法。假如母子二人还在上海住下，便必需有一住下的方法，若可以冒险送孩子回去，也必需有一笔够用的路费。住既无法可住，走又不能即走，我回武昌的时间已耽误了，故当我已决定不再过武昌时，我的住处一定，便权且成了那孤儿寡妇的安身处。住处虽仍在万宜坊附近，且是一个售卖杂货兼管俄式大菜生意的铺子楼上，来往的人极多，却很少为人知道。她一天除了照料小孩子不作别的事，除了晚上小孩子安睡后，间或同我九妹下楼过霞飞路去走走，便不常下楼。

左翼作家那时节则于各种压迫中，有些人已失去了原来的型范，正在那里转变。上海方面各书店，如北新，现代，皆从一些极小问题上，各被一度查封，或用换一经理加入编辑条件，或用接办杂志为条件，又复陆续启封。即此就有人于顷刻之间，创立了一个新的文坛。这其间，如转变过来的，自然是自以为这一次已看准了题，再不会三心二意了。另外则有中立作家，在半推半就情形中，被逼到不敢不为某些刊物写点文章，撑撑门面。又有×××××××的事。同时也居然有××××，××××的事。我们若明白那时代是什么时代，便不至于对当时情形而难过了。但若果一个二十年来新文学史的纪录者，若无限制的将这种来自上海的某一时节风气，与某种人的行为态度，而能极忠实的加以叙述，我知道有许多知名之士，在这种诚实叙述中，必将成为一种"不可思议"的人，或平平常常的四脚兽的。

海军学生的死亡，慢慢的在熟人记忆中失去了它的颜色，知道其事前因后果的，当时不便说或不愿说什么话，惟捕风捉影的传闻，则常常可从各小报或定期刊物上看到。对于死者已不能再说什么，便对于还依然活着的丁玲，散布无数不实不尽的谣言，增加她活着的危险与困难。或者说其人已过俄国，或者说人尚在上海有何活动，或者说她已同左翼作家某某同居，或者说……，总而言之，则不过一群闲人，平日无正经事可作，在上茶楼吃喝之余，互相以口耳在一个入时题材上，所作的无聊传述而已。

传说中还有孤雏业已被当局方面捉去，摔入阴沟里溺死的记载。在这分阴沉黯淡穷困迫逼的日子里，看了这些印在刊物上的记载，也就算是这个女作家一种可怜的娱乐。

日子一个连接一个的过去，二月完了，到了三月。住处马路对过的天主教坟园，清晨已有不知名的雀子噪叫。高出墙垣的树木，皆露了青。接近马路边那株桃花，枝梢缀了绯红的苞儿，一寒一暖便将开放。门外不远电车站，已有穿了崭新春服在那里候车的绅士淑女。我们房中的炉子，也渐渐的不许人过分亲近了。一切都在一堆日子中有所改变，人事亦复相去不远。

社会对这件事渐失去了注意的兴味，另外某一方面，似乎也不至于再作蠢事前来捉人了。她那时仿佛已自由了些，然而文章毫无出路，生活便也毫无依据。母子两人虽一同住在那三楼小房子里，对于安全问题不必担心，到底终不是一个长久的办法。从朋友方面借来的一点点钱，看看又快用完事。新的希望毫无。在小孩子哭哭啼啼中，作母亲的每夜常常得爬起三次两次，白天搓洗小孩尿布调和奶粉，又得占去这人大部分时间，文章纵或有一两个地方可以寄去，在这种情形下，究竟还能写出什么文章？

照情形看来，如此生活既决不能持久，自然得想出一种妥当办法来处置。最要紧的就是看看这小孤雏，究竟交到什么地方较合适？丁玲为这事情曾很费了些思，作过各样的打算，到后还是因为无钱，一切打算全不适用。把小孩送往任何地方去总得预备一笔钱，这数目在平常人看来，实在十分有限，多一点不过一百二十块钱，八十九十也将就得过去，有了这点钱，一切就可以办妥了。但那时节我既不过武汉去，事虽不辞已不便再向学校领取薪水，在上海，则为了房租同火食，单靠我每月那点不固定的稿费，已感到艰于应付。她自己每次提起笔来时，不是为小孩子所扰乱，就是为某种隐藏在心中的感情所扰乱，实在无从著手。想把海军学生几本保留版权的书售给书店，当时却无一个书店愿意接受。

那时节，福建方面海军学生的家中，从报上已见着了关于海军学生失踪遇难的记载。作父亲的年已半百，三月前还有一个二十一岁的儿子，在福建军队中因战事受伤死去，如今又得到这个长子的噩耗，自然十分悲恸。他因知道海军学生丁玲还有个小孩，故特别从福州赶过上海来找寻丁玲，预备把小孩接回福建去。到上海后住在旅馆中已半月，各处托人探询丁玲的住处，毫无什么结果。有一天，在另外一个福建同乡处，却得到了我的地址，就请那同乡来见我，说老人家年纪业已不小，听说儿子死了，特别赶来看看媳妇同孙子，希望给他一个机会，让他见见那孤儿寡妇。

我把这件事告给了丁玲，丁玲明白这是为什么来的，虽一月以来成天只在打算把这小孩子交给一个陌生地方去抚育教养，但却不预备把他交给家中人。她知道小孩子送回福建，将来就不容易见面，且小孩子的教育，将来也难过问。但如果抱了小孩去见那老年人，到时说及这件事，或一被挟持，小孩就会被他们拿走。因此她个人独自去见海军学生的爸爸，且告给那老人一切的经过。并劝他赶快回福建去，不必再托人营救，因一切已无希望可言。对于小孩子的抚育，却老老实实告他，不适宜于让他带过福建。那老年人还明理解事，知道无法勉强，就请求丁玲给他一个机会，看看那个长孙。且说只需要看看，碰也不碰一下，就即刻可以买船票回福州。

但这作祖父的，却因为福州方面的电讯，报告海军学生母亲的病笃，赶不及同这个孤雏作一度晤面，便怀了使人怜悯的风尘颜色，悄然独自回返福州去了。

湖南方面小学校长又来了信，且对于海军学生的事似乎依稀也明白了一点，只催促少年夫妇赶即返乡。报纸上既有了种种记载，尽人皆知海军学生已无下落，小学校长来信还催促一对少年夫妇还乡，则由于丁玲的设计安排而成。

当海军学生失踪还不曾在报纸上作公开消息登载时，湖南的来信就十分关心那小外孙，总以为若不把外孙送回来，最好就许她亲过上海，那时节海军学生既忙着，写信回家的事，多属之于丁玲。海军学生失踪后，湖南来信询及，为了安慰这个老年人起见，除把稍前一时照就的相片，为陆续寄去以外，就照着那老年人所希望的消息，由我来代替海军学生，写过了三次回信。每次信上必加上轻松快乐的谐谑，以及唯那一家三数人所知的私事，办这工作时丁玲自然在旁加以指导与修正的。我们三人笔记从一个专家看来，虽可以一目了然，明白它的差别处。但几人既共同习惯了用钢笔头在洋纸上抄写稿件，简单处草率处却正相近。并且在同样的一种纸张上，写上大小相等的字迹，所说的话全是老太太所熟习的话，另外一方面，又正是那么焦心等着远地消息，因此这信一到，便照所希望的成功了。

海军学生死讯业已证实的晚上，我们还写了一个飞机快信寄过湖南去，报告一些小学校长所需要的消息。信上那么写着：

姆妈：得到你的信，你真会疑心。我近来忙得如转磨，冰之来信应当说得很明白，有了些日子不写信回来，难道就发生什么了不得的大事？不要看那些造谣的报纸，不必相信那些报纸上的传说，那是假的。谁来捉我这样一个人呢？除了姆妈只想捉我们回家去陪大乾乾说西湖故事以外，谁也不想捉我，谁也捉不了我。

小频身体好，一天比一天壮实，将来长大了，恐怕只有回来在辰河作船夫，占据中南门小码头，包送老祖宗来往桃源同西湖。西湖如今还与长江不通船，我明白，我明白，不必姆妈来说我就明白喔！可是二十年后，世界不会同今天一个样子，姆妈不相信么？小频吃得多，我也吃得多。我极想吃腊肉和菌油。家中的廊檐下，这几天太阳很好，一定还悬挂得有一个火腿，一块黄黄的腊肉，留给我回来吃的。姆妈，你等着，事情若不太忙，我会把小频送回来换这块腊肉！

我想远行，去的地方也许极远，因为……这些事冰之信说得一定很清楚了。不明白的你将来也自然会弄明白，这时我可不告你。我只预备回来时同你下棋。我的围棋近来真进步太多了。我敢打赌，我不会再输给妈了。

请替我们问大乾乾的好，说这里有三个人很念她，其中一个是乾乾还不曾见过面的，名字叫做小频。小频真是个厉害的小家伙，他那眼睛鼻子全像他那祖母，一个天生的领袖！

我这信简直写不下去，小家伙古怪得很，只麻烦我，其实他早就应当来麻烦姆妈了！……

崇轩敬禀

把信写完事了，我们相对凄然的笑着。

十天之内写过了三次这样的覆信，都不曾为那个小学校长所识破。现在海军学生寄给他那岳母的信中，有一部分也就是我们在上海那么情形下写成的东西。

这些信虽遮掩了海军学生的死耗，安顿了那外祖母的焦急，却更引起了那个外祖母一见外孙的希望。这边去信时，还同时把为时稍前三人所照相片附去，那方面便来信说，再不把小孩送来，自己一到四月，无论如何也要过上海来了。

得到这信时丁玲真着了急，不知道应当怎么办。那时她恰好得徐志摩先生帮忙，为向中华书局卖了一本书，得了一点钱，又从邵洵美借了一笔钱，我又从朋友王际真先生处收到了一笔钱，因此商量着，为图一劳永逸计，不如就冒一次大险，两人把小孩送回家乡，让这小孤雏折磨那老年的外祖母去。算算所有的钱作路费还不很够用，仍然把这件事决定了。

她看得很明白：一到了家中，母亲不见海军学生回来，必再三询问。女儿既回来了，又必不许她即刻就走。故几人就预先约好，若问及海军学生时，就说因为担心长江方面行动不大方便，方托我送母子回来。关于丁玲久住本地不方便处，无从说明，便预先拟好电报三通，写就快信七封，措辞皆肖海军学生口吻，在我们动身以后，嘱托朋友代为按照秩序拍发。第一电报告我们动身的时日，第二电祝贺我们到家的快乐，第三电催促丁玲赶快回申。各信意思则大略相同，在催促丁玲回申的信上，且带一点儿小孩子放肆而快乐的埋怨，那么说着：

> 姆妈，莫太自私，把女儿留下！快放冰之来上海同我玩几天，我们一别必需三两年方能见面！我走后她回来陪姆妈的日子长。你再不放她出来，我真的不高兴了！……

极可怜的事，便是我们回到她的家中，进了大门，在天井中一见着那白发盈头的老太太时，她什么话不说，只是咧着嘴痴笑，把那个我们安排好了动身以后方拍发的电报，同两封飞机快信，递给我们看，把小孩抱在手中晃着说着：“世界上真只有你那爸爸急性，人还不回来，就电呀信呀催促妈妈回去，真是个急性的人!”我们也只有装成很快乐的神气，来阅看我们自己起草的电信，把电信看完后，也随着说：“真真性急得可笑!”让她方好把话继续说下去。

还未动身时，长江中部的武汉，因为我极熟习，还不怎么担心。最怕的是到了家乡附近，有人认得我们，谈起话来倒极麻烦，我们从上海坐船四天方达汉口，由汉口搭小火轮，从干涸成一片平地的洞庭湖通过，又走了五天，方到达目的地。在小火轮上时，我们方明白我们所担心的事近于杞忧，她离开了那地方将五年，我却已有整十年不见那地方，轮船上的肮脏如昔，轮船的人已完全不同了。抵常德县城时，那些河岸边的灰色圆油池，搁在河滩上的旧船只，浮在河面上的木簰竹簰，浮泛或停泊的明黄色小艇，一切尚如往年我由乡下军队中走出经过这里时所见的光景。但我却已不能找寻一张相熟的面孔，任何人也似乎不能认识我了。

在丁玲家乡那个水码头边，我们一点点简单行李，从离船到进城，总计不到一百步远近，便受当地驻防兵士施行过六次严密的检查。

当最后一次的检查过后，我们坐了硬胶皮轮子的人力车，在泥泞载涂的街上走着时，各人皆充满了不可言语的感情。她把小孩用一条小小的白绒毯裹好，搂在怀中。自己却穿了一件为她母亲所欢喜的灰色棉袍。我的车子原在前面一点，回头来看她时，她仿佛很镇静的样子，且告我还应转几个湾，就可以到她的家中。

我们大约走了十分钟，车子便停顿到一个僻巷里黑色大门前面了，下车时，两人站在那门边，过了一会还不敢拍门。我担心一见到那老太太，丁玲若不能自持，事情就一准弄糟。同时又担心那老太太业已知道详细情形，一见到这孤儿寡母，大声一哭，我们费力筹划的一切，也就等于完全白费了。假若事情一戳穿，我们是不是还能很安全的离开这地方，就真成为问题！

但当她一手把小孩搂在胸上，一手去拍打家中那扇大门时，平日每遇最困难时就在脸上现出的那温和微笑，还依然在她的脸上。门开后，那开门的小丫头，认明白了回来的是她，便向里边嚷着跑去。我们于是在那进身极深的房子第二个天井前，见着了那个满头白发的老年人。

她手中握着先我们而到的电报同信函，快乐得同个小孩子一样，只是憨笑。先从丁玲手中轻轻甩去了小孩头上那毯子一角，见小孩正醒着。（小孩因为骤然见了光明，即刻做出嘻笑懂事的样子）那老太太快乐得手足只是发抖，便把手中的电信塞到我手中，把小孩接过手来搂在胸前，又埋怨又愉快同小孩子来说海军学生种种的性急处。

感谢天，并不多久，小孩子居然已躺到了那外祖母早已预备妥当的木摇床里去，我们把电信也居然看过一次，且听那老太太说了不少的话语，第一道难关显然已支持过去了。于是我们在堂屋里一个小方桌旁，用第一次早餐，吃那老太太手制的腊肉同菌油，一面吃一面受那老太太的种种考问。我们在一种从容不迫的情形中，又通过第二道难关。第三次是晚上，那老太太同丁玲睡在那架大木床上去，我睡在她后面房里，担了一分心，深怕那女作家不能节制自己，半夜里呜咽起来，一切安排就完全白做了。但天明以后却听不着什么声息，我便明白第三次难关居然又被我们对付过去了。

这老太太实在太老了，为儿女们挣扎已耗尽了全部精力与一点点积蓄。我们认为她不应当再为儿女们遭遇再加上一分折磨，便不能不竭力把真实处隐藏起来，各扮成极其高兴的神气，在那老太太家中住了三天。

这三天中，丁玲为了娱悦那个老年人起见，极力学做一个天真烂漫的女孩子，每天穿了她母亲所欢喜的衣服，把头发分开如中学生样子，吃饭时必逼迫我同那老太太干杯，又故意要吃种种家乡风味的菜蔬，吃饭前，且要我一同跟过厨房去，看那老太太炒菜。又用别的方法来哄着那个老年人，且故意生点小气，使老年人越麻烦也越觉得高兴。

在这几个日子里，我们不便说离开她，却自有从上海陆续发出的函电，迫促我们非走不可。那些信照例写得十分得法，俨然如平时海军学生对于这老太太的态度，玩皮处同焦躁处揉成一片，使那老太太想把我们挽留也无从措词。

小孩子每日所吃的奶粉，平时由丁玲自己料理，到船上她的精神支持不来时，我就帮同照料。到了家中之后，这老太太便无论如何不许旁人再来动手，一切皆得由她排调。冲洗瓶子，舀取奶粉，测验温度，莫不自己争着来作。半夜里小孩子有小小不舒服处哭醒了时，就赶忙穿衣服起来，抱了小孩在那宽阔房中打转。房中既异常宽阔，这老太太常很忘形似的，把小孩子摇播安睡后，还只是在房中转着，口中哼哼卿卿着。小孩子一哭丁玲必然也醒了，但想起床时，老太太却亲昵的叱着不许起床。眼见着这老年人那么慈爱，那么精神涨满的抱了小孩子不放手，却不明白上海方面的事实，丁玲自然非常伤心。但为了当时的安排稍不小心，不止所有计画成为白费，并且一为亲友方面知道，就会发生更严重的结局，故任何情形下我们总扮成快乐神气，不扫那老太太的兴。三天以后我们离开老太太回上海时，在船上我问她在家中是不是哭过。她说："我看见我妈抱了小孩子，只是在房中打圈子，口中还唱着哼着，且亲昵的骂频'忘恩负义，记不着我的好处，不回来看看，且不让小妈妈多在家中住一阵。'我好些回数真想大哭。"

"但你并不哭出声来。"

"我若哭出声来，什么事都弄不好了。我想哭，我不敢呜咽就用牙齿咬定被角。三夜那么过去，她一点也不知道！"我们一切的安排，原本就正是不让老年人知道那一家所遭遇的真实不幸！

小学校长眼睛红着送女儿出门后，家中方面既有了一个消磨她那一分剩余母性小孤雏，全部事实一时又还不能明白，故我们走时，一面觉得她极其可怜，一面也猜想得出她此后生活必能从小孩子方面，找出一种自娱自慰的方法。

我们从常德坐了六点公共汽车到长沙，落店后，听说一切旅客都得需要一个保人，找寻熟人作保成为一个问题，于是即刻又把一点行李移到火车站去，搭了当夜快车直过武昌。二十五点钟后到武昌，因为下行船不很方便，留在武昌住了两天，在汉口江海关前面，看了一回采真临刑的地点，又过江到叔华夫妇住处去，同他们在后湖坐了三点钟的小船，买了些活鲫鱼，照了几张相片，还在他们家中吃了一次饭。

四天后，我们又搀入了上海社会里，成为半殖民地的上海市民之一，预备来过日子了。

上海出版界在政府拘束下，依然极其萧条，无从振作。左翼文学在压迫中已无法存在，民族文学则在讥笑中更不容易发展。各刊物在得过且过情形中支持下去，各作者莫不从大学校找寻生活的依据，教了一点儿书。

时间业已四月左右，我既已把过武昌作事的机会失去，住在上海生活又实在不容易应付。××方面××月刊，自当发展下去，不受×××拘束，不为任何有力方面所左右，只看我愿不愿意。我在回南京朋友的信时，答应过了这件事。我有我的打算。我想将这刊物在精神方面成为一个独立东西。在十二期刊物内，我将使读者对于十余年来中国文学的过去得失，得到一个较公平的认识。且将让读者从过去的发展上，认明白中国文学的将来，宜如何去发展。我正在对历史发生兴味，相信文学论者从小说史的发展上疏解文学的可能性与必然性。这种从历史言论的讨论文学，一面可作左翼文学理论者一点事实上参考，一面也就正面的指示出所谓“英国绅士的幽默”，“本国土产的谐谑”，“小报式的造谣”，“黑幕大观式之说谎”，以及一切流行趣味风气，如何妨害到有价值的作品产生。我预备作十二期的批评，每一期讨论一个问题。

但这计画因了两个人的意见面变更，到了五月，我却过北京了。那个女作家以为我的打算不啻“与虎谋皮”。徐志摩先生适在北京，却来信说：“北京不是使人饿死的地方，你若在上海已感到厌倦，尽管来北京好了。北京各处机关各个位置上虽仿佛已满填了人，地面也好像全是人，但你一来，就会有一个空处让你站。你那么一个人一天吃得几两米？难道谁还担心你一来北京米就涨价？”

五月十六日我便过了北京。当我们三月中旬从湖南回到上海时，朋友×××转述来一点消息，说一个美国女记者很想见见丁玲。那美国人既是个×××，对于

“中国反帝大同盟”，国际上宣传，似乎尽过很多的气力。她原同朋友蔡咏裳女士相识，与我九妹也见过面。四月间，那美国人还来过我们那里一次，恰好我们不在家，无法碰头。到后又要她一个翻译来会丁玲，见过两次，约好了一个日子，丁玲便同那广东籍青年翻译，过西摩路那个美国记者家中谈话去了。

那一次与那女记者所谈的，自然并无什么重要性质。惟在半年后，这翻译被那记者辞退时，却为了这翻译已同丁玲合居。这一切都可以说是偶然的，综合这些偶然的事件，便产生所谓历史。

自从海军学生失踪后，熟人中如×××，×××，××，与丁玲相知较深的，本来就莫不为这个人将来的生活怀了一分忧虑。大家都知道这个人文章写来胆量大，事实上却是个最老实最规矩的人。表面上看来这个人性情极强硬，事实上这个人却十分柔软。海军学生在世时，同她一处过日子，哄她，服侍她，不高兴时又埋怨她，生气时节甚至于还捏了拳头来恐吓她，她已习惯了那出自南方人热情的一切安排。这不完全是一个故事上男子的爱情，却真是一个“人”的爱情。如今已把她从这分业已成为习惯了的生活拉开，将来怎么样？她那点力量，那一堆文章，莫不从海军学生同居生活中得来，如今那一个就此失踪了，这一个还要活下去，还想活下去，应当怎么样方可以活下去？

在笑话中她答覆了朋友这个问题。她说：

“我也要讨个太太，同男子一样，要一个肯同我过穷日子，不嫌恶我，知道爱我能敬重我的人。你们男子图方便，找情人时多就熟人中去选择，我却预备要一个生人。”

她并不是要个太太，却实在需要一个女孩子作为朋友。倘若真有那么一个同伴，与她能在一处过日子，这女子既了解她，明白她的短处，尊重她的长处，又信托她，帮助她，且能用青春的美丽与天真来温暖她，两人合住下去，成为她感情的尾闾，她此后性情会不同一些，此后生活命运也会不同一些。

照事实说来，则这个世界上青年美丽女孩子，若有机会认识她，若有机会接近她，愿意同她住下的一定有许多人。她若在什么学校作教授，若在什么学校作学生，女孩子们爱她的，也必比为她倾心的男孩子数目较多。但最不幸处是她业已出了名。人既在那某种身分上出了名，同时大家就已经把她看成了另外一种人了。她愿意公平一点，得到所应得到的那分友谊，也永远无从得到了。欢迎她去演讲的，把她当成一个名作家来款待，却不把她当成朋友来款待。许多活泼女孩子，同她谈话时皆拘谨矜持，许多骄傲女孩子，在她面前时皆十分腼腆。这一来实在伤了这个女作家的心。

“这些年青人谁也不愿意作我的朋友，谁也不待得我稍好一点，本来是快乐的，一同我对面就矜持起来，本来有说有笑的，一同我对面就装得老实谨慎。原来我已被这些女孩子认为另外一种人物，不能同她们在一堆过日子了。你问我社会有什么不公平处，这就是一件我真真实实感觉到的事情。我认为这很不公平。因为我还需要她们那点友谊，要很多的人，如九妹同我那么要好，但我如今却得不到了。”

她这些感想并不写在她给谁的信笺上，并不写在她的文章上，却常常说着。但这是一种无办法的事情。一切“成功”原就包含了一分孤寂的因素。她的工作的独造，已使她离开了人与人之间的友谊亲洽的获得，而走入广泛的爱里去了。她只能让若干年青女孩子，在她那些作品上，发生温暖的感情，作者本人却已不能来同那些女孩子作朋友了。

那翻译恰是有着一个女性型模的青年。脸色白皙，衣帽整洁，缺少广东人的火气，却不缺少受过相当绅士教育的谨饬。躯干适中，不爱放口说谈，办事时见得大有条理，爱人时则显得忠厚无二。这种人若还有可以称为特别长处的地方，即是为人“稳重可靠”，这分长处若用在生活事业上，可以“办事”而不能“创业”。这分长处若用在爱情上，则可以称为“一个妇人合用的丈夫”，而不适宜于作“一个女孩子的情人”。

爱情上已没有幻想，事业上能独当一面的丁玲，在海军学生失踪将近一年后，同这样一个男子同居，原是十分自然毫不出奇的事情。她要做什么，他便好好的去做，要玩玩，总极有兴致的陪她去玩，要独自作事，不许他来相溷了，他又很听命的走开。他并没有“热”，却永远是那么“温和”。一个年已二十六七岁的女孩子，又恰当这种年龄，失去了她生活中的伴侣，生命所需要的，原就是那么种温和！

二十一年的夏天，我过上海去看看几个朋友时，先在棉业银行第四楼××通讯社，见到了那个白脸青年，稍稍问过一些两人生活的话语后，又从他那方面，约定了丁玲第二天晚上在×××相见。见她时我问她：

“两人生活怎么样，是不是还好？”

“有什么可说的？我们又不是年青小孩子。一切都平平常常，住在那里也同住公寓一样，白天各人有各人的事务，到见面时还互相十分客气，比老朋友们在一处时还客气。”

我说：“本来应当这样。年青男女无正经事可作，把日子消磨到恋爱上去，在爱情得失之间，发誓，哭脸，做诗，失眠，并不希奇。年纪大一些，便明白精力应得尽在社会方面去，不至于再来胡闹了。这不胡闹处从另外一方面说来，自然也就叫作平凡。”

她说：“但能够年青胡闹，也是有趣味的事！”

“他性情还好不好？”我说。“照我看来这人一切还好。”

“就正是性情好方使生活平凡。凡事很客气，凡事能原谅，……你说，行吗?”

我没有可说的了，却想起海军学生如火如荼的性情。一点过去的记忆，使我感觉得十分惆怅。

海军学生同她从北京来预备过西湖去住家以前，那一幕战争的印象，还很鲜明的在我眼前。年青海军学生的种种，不单在过去培养过那圆脸长眉女孩子的灵魂，直到如今还应当作为这个女作家灵魂的温室与摇篮!

她见我不说话，仿佛明白我在思索什么了，便又说：“我老了，不要那些了!”

我心中却很肯定的说：“你这个人并不老。你到四十岁，于你生活最相宜的还是你所习惯的那个海军学生的一切!”

我过北京时，独自住在燕京大学租借的达园，我的九妹便陪同这个女作家住在上海。那时节，上海的空气慢慢的变了。海军学生的事，政府方面似乎明白了过去处置的过分，正极力在那里想把过去那点恶劣印象从一般人的记忆里拭去。丁玲在上海住下，已不必担心突然被捕。于是若干大学的文学会，皆有了丁玲公开演讲的消息。凡是来请她的，她明明白白知道那方面学生分子复杂，到那里去谈话放肆了些，激烈了些，说不定将来还会累及来邀请她的学生坐牢。但无论如何她总到场，去时既不如何预备，也不怎样做作，只洒洒脱脱的把想要说的话说它一阵，到无话可说时，这演说便结束了。

“演说”这两个字未免太严重了些，且那么充满了无聊绅士臭味，对于这个朴素老实湖南女子，实在不很相称。她欢喜的是二三知己毫无拘束的谈天，一切应对浸透了亲昵与坦白，且许可随随便便的，断续不一的谈下去。如今要她站到讲台上，同三百五百年青大学生对面，也还依然用的是那么一种谈话风度来演说，但听者却已完全不同了。所以从多数听讲者说来，对于她的演说是缺少所预期的成功的。不过若许可听讲者越过了一般演讲形式的藩篱，便能够从那演讲中，看出这女作家富于感情的气质，以及从那些略见滞塞朴纳无华的言语里，体会得到这个女子蕴藏着一个如何对于人类宽博容忍与爱好的心。

那时节她既不能用写小说来把自己生活支持下去，朋友中的主张多是：在上海教书既容易，有机会教书时，不如去教一点书。

但她却明白她自己不适宜于到学校中去讨生活。她欢喜大学生，只似乎为的是从他们那儿可以学许多，却没有什么东西教他们。她在五月末由上海写信给我说：

……□□□、□□□，都说我可以同白薇一样，不妨教一点书。我明白这种事情在某种人作来算不得坏打算，但我却太不行了。我不教书！倘若我当真还应当放下这枝笔，转到一分新的生活里面去，对于我相宜的，恐怕不是过大学去教人，还是到下层社会里去得点教训。

我这些日子东奔西走，忙于演讲，来听讲的照例总那么多人，话说完时还得被年青大学生围着，询问这样那样。他们都那么年青诚实和谦虚。可是人却非常感到疲倦了，尤其是当我从台上走下来，离开那些大学生时，说不出的一种空虚压在心上。这样年青人能从我这方面得到些什么呢？我又能给他们些什么呢？我很不高兴！我觉得演讲已够无聊了。

想像我这样的性格，真是使自已难过的性格。从明天起打算多写些文章，没有人印，没有人看，也得写。我最相宜的工作，还是不放松这枝笔！社会是那么宽泛的，需要各样的人在各样合式工作中，极诚实的干下去。勇敢的死需要人，坚忍的活更要人。我们只能尽我们的力，报酬再少，环境再坏，也必需支持下去！

这里已经很热了，都只能穿一件单衣。同九九看电影两次，不好。……

那时节那个翻译已开始常常来到她面前，作出“听候使唤”的柔驯忠诚神气，陪她出去玩玩，或陪她到朋友处走走。但这去两人合居的本题自然尚远。倘若这个女子，海军学生的失踪，碎了她的心，这个翻译在她面前时，她还是不会快乐起来的。不过她正为数月来的忧愁，惶恐，穷困，劳苦所包围，身心俱十分疲倦，为那翻译的殷勤处与忠顺处，于是一堆无法排遣的疲倦日子，却居然被打发走了。

六月二十三她给了我一个信，提及她办《北斗》杂志的计画。

……上海实在住腻了，心飞得很远，但只是一个折了翅膀的鸟，成日困在抑郁中。不过想到能飞去的地方，也不会成为怎样了不起的地方，所以就用“算了”作为安慰。只有任时间流来流去，流到完了那天就完了吧。下半年你教书我决不想教书，我觉得无味。现在有个新的小书店，请我替他们编一个杂志，我颇想试试。不过稿费太少，元半千字，但他们答应销到五千时可以加到二元或二元半，因此起始非得几个老手撑台不可。我意思这杂志仍像《红黑》一样，专重创作，而且得几位女作家合作就更好。冰心，叔华，杨袁昌英，任陈衡哲，淦女士等，都请你转请，望他们都成为特约常期撰稿员。

这杂志全由我一人负责，我不许它受任何方面牵制，但朋友的意见我当极力采纳。希望你好好的帮我的忙，具体的替我计划，替我写稿，拉稿，逼稿。我们自己来总要比别人的好一点方好。你说是不是!?

我现在把我的计画告诉你；杂志为月刊，名还未定，（你替我想想看!）每期约八万字左右，专重创作和新书介绍，最好能常常有点有“趣味”而无“下流气味”的小文章。坐庄的人全靠我自己（我愿将全力放在这上面）和你。

想多找些老文人的文章，尤其想多推出几个好点的女作家，如上述的几个，还有沉樱也很好。八月若赶不及出创刊号，九月也好。第一期或出一特大号，这样一定要有几篇长的好的大创作。我自己愿来一篇，你顶好也来一篇，你再好好的做一篇批评；单论一部书或一个人；这书这人都要有影响的才好。第一期，一定希望冰心或其他一人有文章登载。你最好快点替我进行，过几天便可登一预告，说是：“丁玲主编的杂志，已有了这些已成名的有地位的女作家来合作”。这真是动人的新闻。我希望能得到他们的同意。事情还刚刚开始，一切计画皆不落实，你可多多为我想一想。上海的施蛰存我也要他的稿子。北平有什么新的诚恳的小文人，我们愿意不放弃他们。

我已在开始写文章了，我想有个刊物必可逼迫自己多写一点。

……

生活既那么沉闷，若死守在上海，一事不作，自然使远近朋友替她担心。既不愿意放下那枝特具迷人力量的笔，如今又恰恰有那么一个刊物来逼迫她写作，逼迫她作事，实在是个难得的机会。故当她把信寄到我手边时，我就为她各处去信，请大家帮她把这刊物办得热闹一点。同时且去告给她我对于这刊物的一切意见。我那时本已预备过青岛去作事，同时且估计歇两年手不再来写小说的。她的来信虽不妨碍我过青岛的计画，却似乎又非得把我停笔的预约毁掉不可了。

听说丁玲来编刊物了，高兴帮忙的人实在很多，冰心第一个就为她写了一首长诗，其他的人也先后把文章寄去。但我自己却不曾写什么。因为我觉得这刊物由她来编，必不许仍然如《红黑》月刊那么无所谓的敷衍下去，方成为一个像样的刊物。故我一方面为她向北平熟人讨取文章，一方面就去信告诉她说：

若刊物只是要几个名人做幌子，第一期有了那么一些篇章也很够了。若你以为真实的应当用这刊物来逼迫督促，使一般女作家的写作风气活泼起来，你是不是觉得你作编辑有些不相宜处?

我不轻视左倾，却也不鄙视右翼，我只信仰“真实”。在《记海军学生》那个篇章中，我对于一般文学的论战的意见，便说到过如下相似的话语：争持谁是正统原近于精力的白费，毫无裨于事实。若把文学附属于经济条件与政治环境之下，而为其控制，则转动时代的为经济组织与政治组织，文学无分，不必再言文学。若否认文学受两者控制，文学实有其独创性与独立价值，然则文学论者所持论，仍无助于好作品的产生。不问左右，解决这问题还是作品。一个作者接受了某一主张并不能成为历史上的“巨无霸”，他所需要的还只是对于他作品制作的努力！多数作者皆仿佛在少数“院派教授”与“新海派教授”，“绅士”与“斗士”，一种胡涂争论下而搁了笔，且似乎非争论结果就不敢轻易动手。谁超越这个喧喧不已的局面，埋头傻干，谁就被谥为“无思想的作家”。什么“思想”？发洋财，或近于发洋财一类奇迹罢？对于奇迹的憧憬，一点侥幸感情的扩张，大致便是所谓“思想”了。中国自从辛亥革命后，帝王与神同时解体，这两样东西原本平分了这个民族的宗教情绪，如此一来“信仰”无所适从，现状既难于满意，于是左倾成为一般人宗教情绪的尾闾，原是极其自然的结果。因此具有独立思想的人，能够不依靠某种政体的理想生存的，也自然而然成为所谓“无思想”的人了！

正因为这个原因，我在那时期曾轻视过文学，真打量过离开这分生活！在回她讨论新刊发展的一封信上，我说过一些近于牢骚的话语……

绅士玩弄文学，也似乎看得起文学，志士重视文学，不消说更看得起文学了。两者皆尊敬文学，同时把文学也俨然近于溺爱的来看待。文学“是什么”，虽各有解释，但文学究竟“能什么”，却胡涂了。我既不是绅士又不作志士，对于文学则惟只知在它的产生，与产生技术，以及产生以后对于它在社会方面的得失而加以注意，我且注意到它的真实分量同价值，不许它把价钱开得太大，也就是不许人对它希望太大。一切基础皆固定在我知识上，而不在权威或时髦理论上。目前大家所争持的似乎同我毫无关系。他们既称为作家，我想想，假若我无法参加这一切理论的检讨时，是不是还宜于来接近文学事业，真成为问题了。

绅士骂不绅士，不绅士嘲笑绅士，这算是数年来文学论战者一种永不厌嫌的副题，我觉得真不必需！其实两者正差不多，就因为两者还是人，坏的一样的坏，懒的一样的懒，至于好的，也还是一样的好。造谣谩骂对于根本问题有什么益处？但若干人的成败，显然皆有从此处下手的情形，我觉得对于这风气无法攀援，故预备不再让自己在这事业上鬼混。照理说来，使一个人阔大不凡，实不在乎如目前一般人所谓有无思想，却只看这人有无魄力。一些无用的人，即或从小到大吃长斋，生来既无补于佛教的兴衰，死后也不会成佛。有些人毫无一个君子的品德，他却可以做出一些有益于社会人类的事业来。有气魄的人的沉默，比小小东西呐喊动人多了。你不觉得吗？为了社会正需要小麻雀吱吱喳喳，正欢迎小丑。我想离开这分生活，过几年再看看一堆日子能不能帮我们把社会习气修正了一些。

…………

上海来信却说：

不要发牢骚，把自己的文章抄好，把熟人的文章逼来吧。这刊物，就正是想用成绩来修正一切海上习气的一个刊物！为什么不赶快把文章寄来？我问你。稿件你一定为我催催，顶好在七月二十号以前能寄来。我还欢喜同他们能够直接通信，你可不可以将我的意思告诉他们？我更希望他们能对于丁玲和善一点，亲近一点，没有事的时候，将丁玲当个朋友，同我在纸上说些不客气的空话。自从九九走了后，我连一个说话的都没有了！要人爱容易，找人玩也容易，然而要得到几个那么相熟，那么不拘束，那么可以发点小脾气的朋友可实在太难了。九九到了北京不为我写信，我难过得很！刊物取名曰《北斗》，这个名字你以为怎么样？

天气热，流汗使人生气。既预备过青岛，到了那里你看看，住得安稳，我想想我要来青岛玩时也容易多了。青岛海滩真美丽，抓起一把砂子，你就可以看出若干螺蚌的残骸。那是一本真的历史，不过只是用这些小小生命写成的历史罢了。我到过青岛，忘不了那个地方……

她并非忘不了青岛，还只是记忆着同海军学生从济南逃过青岛小住的一段生活罢了。刊物征稿在北方既极其顺利，南方似乎也有了许多朋友帮她的忙，故她生活似乎又乐观了一些。七月里寄信过北京时，感情便活泼的很多了。信上说：

……看见她们一些奶奶们都将要为我们这个杂志而重新提起创作的趣味，我觉得是非常高兴的事。她们或许要更来认真一下。努力一下，假使她们有了一点可贵的成绩，我觉得这也还是我们的成绩呢，所以我很快活。假如我能将她们一切已成的，过去的作家们；已经为一种好的生活营养着，无须乎怎样去努力了的，还和一些新的，充满着骄气和勇气，但不知道怎么样去努力的年轻的女作家们，联结在一块，于一种亲切的友好的形式下握起手来，无间无忤的往前走去，大家会在生活里面感到充实有意义得多！

我自己呢，自然得分外努力！我觉得，真是常常觉得，对我好的人太多了。我常常会为这些难过，会觉得太对不起这些人；这些并不在我面前而感到很切近的一群。他们爱我，他们喜欢我的作品，他们希望我；希望我更能写出些好的东西。而我呢。我觉得过去简直骗了这一批人。我的成绩还不应当得到朋友那么多的尊敬与爱好。我的力量有限，生活又那么一个样子，只能让别人失望！我看我自己的缺点，比什么还看得清楚，我只是个纸扎的老虎，现在好像完全怕人拆穿，怕失去一群人的好意，勉强把这纸扎的空虚囊袋填满起来，填的大部分却是稻草！一个人经验太少读书太少怎么行？我还得去学，若我有一分勇气，还应当放下这枝笔，再到另外一种人群里去学习！你说“我担心你在绅士方面的成功，将使你成为另外一个人。”我觉得没有一句相当的话可以表示我感谢你的意思。你说得是。不过，你放心，我不是希望在这方面得到成功的，我正惭愧在这方面的小小成功！

……生活就是工作，工作也就是生活，把自己精力凝聚在某一点上面去，是的，人人应当那么办！你且等着看，倘若我过去日子，真如你所说的“被不幸的命运绊了一跤”，那么，“应当爬起来再走”的气概，又回到我身边来了。我预备走，我明白，不走也不行啊！

这点雄赳赳的气概，是否能始终一贯的支配这个女作家的行为？而且这气概，是刊物的原因，还有其他原因呢？

从别一方面我稍稍知道了一些事情。对于这些远道传来的消息，本来我不能加上什么意见，但这消息若果不纯出于小报的谣言，则恰是她的新的迈步。把自己信仰生活交给一个情人或一种主义，固然是两件事情，一个人在这方面需要自己考虑处，却同样严重。当海军学生在××××，××××，×××，××××××××，我总觉得这个人还缺少对于自己能力与材气的认识，总觉得自己既不能认识自己，对于社会的认识就更可怀疑了。如今又似乎她到了应当认识自己较多一点的时节了。我去信询问她这事情的究竟，来信却说：“你为我担心的事我想不成问题。我不是很年轻的人了，已经没有听一个男子在我面前说傻话作呆样子的趣味了。处世接物都不会给人一点所谓‘女人’的意义，所以虽随便一点也不会给人误会，传说的种种是不会有的。你明白我，就也应当知道我不满意做一个‘情人’业已多日了!”

我想起《马丹波娃利》这一本书。自然这是两个灵魂，两种典型，两份生活。但我不明白我为什么却不能把我当时的想像，安置到别一方面去。

我八月里过青岛后，上海的消息更不同了一点。我觉得事实并不令人惊奇，只是这个广东人代替了那个福建人，个人方面或有所得，社会方面却不免受了些损失。温室原只适宜于培养一点小花小草，至于十围的松树，百尺的楠木，不在大气中严寒酷暑里长养，却移到温室里去，实在是一种不可修正的错误!

但这是谁的过失?泥土的气息，白日的光，在人类本性上莫不各有一个共通的观念。爱的，谁不怀了一种期待?憎的，谁不极力逃避?但所要的何常是可以自然而然得到的。近在身边的又何常不恰恰这讨厌的?这世界上原有种种理由，使得每个人各自孤单的守在一小点上，把生命不吝惜的空费。一个为生活弄衰弱了的心，明白她的已无从再来服侍她。(海军学生用热情使她认识了“爱”，且用生死离别诠释权衡这个字的意义与分量，几年来的种种遭遇，使她业已厌倦了再拈着这个字儿来思索。)正为了厌倦，忽然有一个谨饬忠顺的男子，处处表示希望能够来照料她，侍候她，想同她在一堆过日子，这勇敢处同痴憨处皆使她只有苦笑。但苦笑之余，她自然就不让这男子再走开了。

她说：你明白，我不满意做一个“情人”业已多日了。新的生活想来还可以用得着那句老话。我当时想：在这方面她放下了缚束自己情感成为一束的努力，很平常的同一个男子在一处，对于她也可以说是很合理的行为。因此听到她的消息后，还很为她快乐。直到第二年后，在上海一品香饭店见及了她，我方明白我的估计有了一部分不对。为甚么原因两人会同住下去，我并没有分析错误。至于两人同住以后的生活，我原本猜想一定很好，从事实上我方明白已弄错了。温室实在不是这个湖南女子应住的地方。

……人同天气一样，一天一天的焦躁和萎缩下来了，怎么办？我真像蠢了一些，像迟钝了一些。看不到什么好文章，自己也更写不出好东西来，恐怕真只好让我比年青的一些人赶上前去了！我常想起一些过去，温习那些过去，只是苦笑。……一个是死了，一个是那么无希望了，只看你的拚命罢。

日子，一堆怕人的日子呵，如何在毁我……

检查一下日子；她这个信是二十一年冬天寄到青岛的。去《北斗》的开办已一年又四个月，她同那朋友同住也将近一年了。

《北斗》产生与它此后的发展是截然不同的。这刊物若在北平出版，这刊物或可望如最初计划的形式，对于女作家一方面或者逼得出一些好成绩来。但这刊物却在上海出版，距离她所需要合作的几个人那么远，并且我不久又离开了北京，故这个刊物开始几期，虽然还登了些北方的文章，到后自然就全以上海方面作者为根据，把这刊物支持下去了。

《北斗》出到第五期时，有被扣留的事情，出到第十一期时，有查封消息。那小书店老板，被捕去过一次，也似乎就为这个刊物。这刊物到后来既并不能如原来计划作去，但在左倾一方面说来，也似乎还不如左联预期那么成功。原因是这刊物虽以上海××作家之群为场面上维持者，稿件的集收却异常艰难。能写文章的仿佛总各自有个理由不肯提笔，用不着提笔的却把文章寇来，（来稿虽多，所需要的稿却极少，）同时出版的书店，规模又太小了一点，不能使刊物于每期出版时登载多少广告。内地各处则因受地方当局一再没收查禁，寄给个人的虽间或可以收到，寄给书店的照例无下落可寻。（有些不相熟的人，因为无法得到这种刊物，还来信要我为他们想法。当我把这些信转过上海方面时，丁玲总为把刊物照所开地址寄去。）不过刊物虽极难得到使编者满意的稿件，出路又窄，但刊物给人的印象，却为历来左翼文学刊物中最好的一种。尤其是丁玲自己，对于这刊物的支持，谨慎的集稿编排，努力处与耐烦处，留给一般人一个最好的印象。

那时她的通信处多由这书店收转，因此那书店便常常有政府或租界的便衣侦探顾临，有时作为购买书籍，询问这样那样，有时便索性把一些外来稿件带走。此外且常常有那些很希奇的公务人徘徊，侦查她的来去，但她来时总仍然能很巧妙的把信件带走。有次她到了那小书店，被人知道了，离开书店两分钟，那书店就来了七个人。

她那么被人注意，不外乎谣言的结果。

……

一千个愚蠢，是那些还想把她逮捕来发一笔小小洋财的人。但这是上海啊！上海地方那么大，人那么杂，什么希奇主意不为人去应用过，什么门径不有人去钻寻过!？×××××××，××××，×××××××。人家还想从谣言上找证据弄一笔赏格！

……有那么一会事，多少人皆不相信的，但事实却摆在那里，替他们全证明了。

我还在北京住下时，有个在辅仁大学念书的小朋友，同一个很爱重中国的年青美国人，为了他们所办的英文简报，平时即专以介绍点中国文学作品以及关于文学消息为目的。海军学生等失踪，中国人在麻木中忽视过去了，他们却觉得是一件不能过分忽视的事情，想为几个在中国混乱情形中死去的作家，特别出一期专号，要我们为他们用中文写点关于海军学生的一切，以便翻译成为英文。我答应了他们这种委托，因此写成了《记胡也频》那篇文章。等到文章写成时，谁知简报却已不能继续出版，那文章后来就寄给上海《时报》馆发表。这文章未着手以前，我曾写信去告她，并向她询问关于这种文章的意见。且以为倘若她能写，我就不再动手。来信时却说：

> 我目前不能写这种文章，我希望你写。可以少写些，这个人你明白的，三句话就可以说完。还有写时得小心一点，因为家乡那一个，我们还不适宜于把这个人的真实消息送回去！她还以为他在俄国，寄了一张小孩子的相片来，要我转寄过俄国！

到了青岛这文章快要写成时，我又去信告她文章的内容与字数。下面是她关于这本书第二个回信！

> ……《记也频》能准我看一看吗？我也常常想为他一生做一长传。然而一想到效果，便觉得太费力了。我这人真是个不合理的人，讲实利讲到这样

子！不过我想我总可以写一点出来，在我个人对于他的纪念。但这是以后的事。如今你能写，我非常高兴。

这个信从上海发出的日子是九月二十九。到十一月二十九，却来了第三个信。

《时报》上的文章我觉得你太主观了。尤其是关于“一幕悲剧的写实”那一段。当日也频写时原本全是臆造，我不愿小气，不同他计较。而你又忘却你自己，用这作材料，无乃冤枉丁玲之至！

这本书从《时报》登载以后，拿过光华付印时，一切便是她所经手的。当时那篇文章在某一小节中，提到几个人在萨坡赛路搬家的故事，她觉得有了些错误，我以为她要改的尽管改正。但等到她把全部分稿件看过之后，大约她已看明白这错误并非我的疏忽，且在那本书尾的声明中，我又业已提出关于这本书的目的与得失。故当这书付印时，她便尽它还是照原来的稿样，不曾有所加减。但那个海军学生较长的传记，则大约因为她后来生活上的变动，出于她自己意料以外，就无机会再与世人相见了。

最后一次我们的见面，是在二十一年的夏天。我过苏州去有点事情，转到上海，从发行《北斗》的那个小书店管事人方面，问明白了她同住的那个翻译某通讯社的办事处，按时到他那地方去，就见着了那个业已与丁玲同居将近一年的□□君。穿一件白纱反领短袖衬衫，身个子不高不矮，肩膊宽宽的，手臂短而结实。这人既衣履整洁，脸儿又白白的，一眼望去，还以为是一个洋行中的写字生与售货员。从身材上与眉眼间看去，不必开口就可知道他的籍贯不出福建广东。我把我的名字告给了他以后，他便显得十分高兴，问了我一些青岛方面的情形。当我同他谈话时，一面我就思索，我在什么地方或者会见过他。先施公司？永安公司？丽华公司？……中国旅行社？是的，我一定记错了人。但无论如何，把这一个放到那些地方去做点什么事情，实在是不怎么不相称的。但这个人却使我生了一分敬意，因为就言谈风度而言，实在是无可疵议的人物。就材具而言，这人若不在××做事，却去×××××手下做一个帮手，说不定比某某部次长还能干些。

可是不知为什么原因，一见了他我就有点疑心。仿佛这人脸就白得使人惑疑。

当我在青岛听说她快要同这个人住下时，我因为这关系来得近于奇突，写信给她，就告她一切必得谨慎一些。自己业已不是小孩子了，既明白各处全是陷阱，仿佛倏然而来的爱情，即或不是一种有意作成的陷阱，它将如何影响到她的事业，也总以多考虑些日子较好。然而她实在倦于拈起“爱情”这两个字来较量，出乎几个老朋友意外，也好像还出乎她自己意外，居然同这个男人住下了。如今见到了这个人后，我那点疑心还依然存在。“脸那么白，如何能革命？”是的，我真这样疑心那个人。照我经验看来，这种人是不宜于革命的。

同他离开时，我便向他约好，请他转告丁玲，第二天过我住处去，时间最好是下午五点钟。到了那个时候，有人拍我的门，门开后，一个胖胖的女人，穿了一件淡蓝薄洋纱的长袍，一双黄色方头皮鞋，在门边向我瞅着。如非预先约好，我真想不起就是她。若这人在大街上粗粗的一眼瞥过，我是不会认识的。我们还只分手一年，好像变得已太多了。

她说：“久违，从文。九妹好吗？她怎么不来？”说完时又望望身后那一扇门。我明白那是什么意思。

我问她：“怎么，出门还不方便吗？还有……”

她不说什么，笑着，把手理着脑后的长发，在临窗背门那一张靠椅上坐下了。

“生活好吗？”

“就是那么过日子。”

“工作呢？”

“你在青岛才真算是工作，我们在上海，什么都无聊！吃饭，借债，冒了险去做些无结果的事情。”

“但我看你好像事情作得很好，听人说也是那么一句话。忙不忙?”

“混日子。日子太长了，也得忙碌些，方能把每个长长的日子推开。”她望见我桌上一个信封了，认得那种字体，是谁写来的，就来同我谈那个人，问我过苏州去婚姻有了些什么结果没有。我不想先就谈这件事。我又问她日子过得怎么样，且说及那个只见一面的白脸少年，他给我的印象并不坏。她就轻哂着说：“一个忠厚本分的人，一个正派人。”

“一个体面人，一个绅士风度的——”

“不，许多方面还像小孩子呢。”

“那么，生活必很像个样子了。老实说，远远的想像着，我们为你很担心。”

“你如今见我那么胖，便应当‘放心’了。”

“还是不很放心。日子就日常生活方面说来，过得怎么样?”

“同住公寓一样，各人每天有各人的事务，把时间安排到自己那分工作上去，晚上在一处，”说到这里她似乎有了些害羞处，停了一停便轻轻的说：“我们都异常客气，同朋友一样!”

我们把话停顿了一会。我想起那个海军学生生前的一切。大约她也想起了海军学生，便感慨不尽似的说：“人老了，一切看得都十分平常了。”

我说："看得平常一些。也许是把生活侧重在事业上面去了罢。你近来是不是……"她想避开这个问题不谈，只问我："在上海可以住多久。"且接着就又问我青岛怎么样，下半年预备在青岛还是预备来上海。

后来说到家乡方面的情形，方从小皮箧里掏出一张小孩子相片，相片的背面，一望而知是那老太太的手笔，很工楷的写着这孤雏爸爸妈妈的小名。小孩子样子业已长大了些，面目不大像小时节的神气了。见着了这相片同相片上的文字，使我记起一年前送小孩回家那一幕，记起到了她家中，在如何情形下看我们自己发出的信件，半夜里小孩哭醒时，那老太太又如何忙匆匆的爬起来，抱了小孩子满房子打转，把地板踹得轧轧作声。直到如今，这老太太把相片寄来，还将两个名字并排的写着，丁玲的回信，也就可想而知，每次需要多说若干空话不可了。一面还是把离得远远的一家人，紧紧的缚成一束，一面却是死去的业已早就死去，生存的又有另外一种生存方法，在这儿我不愿再谈下去，也不能再思索下去，故我们不久，又提到另外一些熟人生活来了。

说到白薇的病，说到××的文章，说到北平教书匠×××与××的各种故事，说到上海许多每星期开会作家的种种。

后来问她《北斗》情形，她就说没有方法得到合用的稿件，也没有方法使它不至于被禁止。因为《北斗》稿件，她告给了我一些左翼方面的事情。因为提及新作家，她告给我一个湖北女工人所写的小说，登在某一期上，要我看看。因说及文章，我问她自己的文章，她就说：

“我有时真想摔了这枝笔。思想越来越沉闷，感情越来越懒散，提到生活，生活到连自己有时也十分怀疑。虽仿佛明白了怎么样来活是最合法的，但人总是人，并且自己底子是那么一个充满了感伤气息的脾气，虽在自己一分工作上，不敢懈怠，但总好像还缺少点什么东西，方能很崛强的支持下去。我们家乡河街上铁匠铺，打刀时每一把刀都应当安点儿钢方能锋利，像我们这种人，也得想方法安点钢!”

我说：“照我看来这话也只是你在老朋友面前说的话。一个人在熟人面前，原本就好像特别软弱一点。但当你只是一个人独自在一处时，你不会那么想的!”

“这自然的。可是一切的崛强，一面是环境造成，一面也似乎是本身性情造成。我以为我的性情，只是……”

我对于这个问题不置可否，只想起海军学生生前给她的一切。一只鸟儿若根本无一个固定的窠巢，她得到一个可以安顿她的身心的地方，她很快的就会弄习惯了。但这只鸟若住在某一处业已多年，忽然却改了一个新窠?新的地方即或能使她温暖，必仍然不能使它不寂寞的!

但是一切人各有自己一分命运，性格强一点，所负的重量也就多一点，性格随和一点，便无往而不宜了。

她的性情表面上看来仿佛十分随便，灵魂却是一个地道农人的灵魂。为了服从习惯重义而轻利。为了与大都市的百凡喧嚣趣味不合，故大都市一切，凡所有使一般人兴奋处，在她便常常感到厌烦。她即或加入了左翼运动，把凡是她分上应做的事，好好的尽力作去，但到了另外一时，使她能够独自温习她的一切印象时，觉得浅薄讨厌的人，也许就正是身边那几个人。她认识这个社会制度的错误处与矛盾处，以及这个社会中某一问题，某一种人心灵，所有的错误与矛盾，控制支配她的信仰与行为的，还是她那一分热情。她自己便是一种矛盾，这矛盾如同每一个农民把生活改移到都市住下时同样的情形。即或活得再久，即或在那里有作有为，这工作是不是她真正要作的，总留下一个疑问！她批评她自己说："我可惜不读点哲学书，因此纵不缺少把自己加入社会生活的热情与理想，但我却不能认识自己，不知尊重自己，实在说来就是缺少了一点自知之明。我看来单纯其实并不单纯，但复杂又并不使我复杂到如×××。我在各种生活各样人事上，训练过我的感情，但从不在一本书上训练过我的理性。一般人称赞我，我自己却决不原谅自己的短处！"

……

……

我们又谈到关于"一·二八"上海战事的一切情

形，当战事发展时，她到了前线去做了些什么事情。还听她述叙当日关于××许多问题。

她谈及这些事情，我总感觉到一点儿莫可名言的忧郁。把她的一分生活经验同本来性格两相比证，仿佛使我读了一本悲剧的上半部。我把这本书暂时覆着，不及翻阅，先去猜想那结局，我沉默了。

一个人原自有他自己的那一分，别人的选择是毫无用处的。我不劝她读什么哲学书，也不劝她如何努力去为理想而把她自己弄得更坚强起来，只问她家乡小孩需要些什么，我当买一点寄给那老太太。且问她要不要买点应用的东西，譬如衣料，袜子，稍微好看一点的手巾，可以同去买来。这些东西在过去一时，这个女作家显然是并不怎样疏忽过来的。

看看她那身装扮，我有点儿难过，说了一句笑话："一切记忆还很年青，人也不应当比印象老得太早！"

她便苦笑着说："我甚么时候年青过？"

她于是重新同我谈起家住苏州那个脸庞黑黑的女孩子。这个女孩在吴淞一个大学读书时，她便为我特别在吴淞看望过一次，故同她也有一面相识。那女孩子原很欢喜她，且尊敬她，我告给她我这次来苏州一些新鲜事情后，她笑了，带了一点儿嘲谑的态度，在我面前称赞了另外那个黑脸女孩子许久。

两人分手时皆说，"过不久再见"。且估计着：冬天我不能过上海，隔年春天她或者就可到青岛去，看我同我的九妹。

日子过去了。

同一年的冬天十二月，我再从青岛搭车过上海，在苏州把那个黑脸女孩子邀过上海去看她，到她所常来往的××教授家中询问她的住处，却无什么结果。第二天，因为青岛方面的来信。我们便匆匆离开上海了。一到青岛不久，接到了她的来信：

> 在××家里听说你同你那黑脸的未婚妻来了上海，找寻我却找不着。我以为你们还会再来，等了三天，还不见你们；这真是残忍的事！为甚么不来看看我？住在上海说话的人太少了。又不能离开上海。青岛地方好，几人玩得很好时，莫忘记另外地方的一个朋友。

她在上海没有像亲戚中兄弟姊妹的那么一种朋友说话，大约也是一件真事。一个年纪轻轻的人，有幻想，有梦，在情人面前，在同志面前，会用对于未来的空话，把自己同对面一个人的生活，很轻快的过下去。如今的丁玲，照她自己说来也不是那种人了。一点幻想一点梦，在一切经验下早已全被压碎了。即或××方面，事务如何紧张热烈，总是不行的。即或同志再多，但人与人之间，却缺少把某种感情粘附起来的友谊。正似乎为了寂寞，她便为自己弄得许多责任，这责任若经过一度理性的抉择，则在得失之间稍稍加以取舍，必需作的就作，用不着担负的就摔掉，同时自己也就可以轻松自由了许多。但她并不较量这种堆积到身边的义务。故要她为×××捐款不推辞，要她为×××过工厂去××也作，要她编一本关于创作的书作为供给××××××××的用费，她毫不迟疑答应了这件事，要她把熟人若干私信集起来，为××××筹一笔钱，她不管如何，又把这事情办妥了。在义务中打发了若干日子，糟蹋了不少精力，她不觉得苦，也从不抱怨谁。危险的她不吓怕，麻烦的她不厌嫌。她极力去学负责，极力去学做事，就为的是只有那么过日子下去，她方可以把自己那点生命中的活力磨尽。这点生命的活力，有若干人是在一份很幸福的爱情中，或一种很亲切的家庭生活中，或某种庸俗的交际中，以及一切不同事业中，被慢慢的消磨，随了日月的交替，成为社会历史的陈迹的！

似乎正为了那点活力，在一切事务中还不能使她安静，她三月里给我的一个长信中，还有那么一段话语：

爱情是一个可笑的名词，那是小孩的一些玩意儿，在我看来感觉得有些太陈旧了。一个二十五岁以上的人，若还毫不知道羞耻，把男女事看得那么神秘，男的终日只知道如何去媚女人，女的则终日只知道穿穿衣服，涂脂抹粉，在客厅中同一个异性玩点心灵上的小把戏，或读点情诗，写点情诗，消磨一个接连一个而来的日子，实在是种废料！这些人不敢去思索自己对于社会的责任，有的由于愚蠢，有的却由于狡狯，亏他们总找寻得出一个逃脱责任的理由，说出来时却又俨然极其合理，我正想写一本书，写一个与这种通常人格截然相反的人格，这个人比目下许多人也许还更懂得做英美公民的权利和义务，但同时她也看得极其清楚，在如今的中国，作一个真的好公民，义务方面还有一些什么事。我预备把她坚实卓大的性格写出来，且很残忍的让她在一切不幸的下贱生活里去受折磨，还让她在那一点为真理而有所寻觅的路途中死去，你能不能贡献给我一点意见？

这是一个问题，由我方面作成的答案，只是：

你尽管写去，照你打算作去，这就是我的意见。这个社会这个民族正需要的是这种人，朴素、单纯、结实、坚强，不在物质下低首，也不在习气下低首。她即或不能如贵妇人那么适宜于在客厅中应对酹酢，只许可她贴近这个社会最卑贱的一方面，但因此她却见了多少日光下头的事情，自己的心也就为这真实的大多数人类行为而跳着，有什么理想，就是“怎么样把大家弄好”，不是“怎么样把自己弄好”。这种修正历史的行为，决不是一个人做得了的工作，为了使这工作另一时在这块地面上还有继续的人，把第一个结束在一个寂寞凄惨的死亡里，也是必然而且必需的事情！

……

她自己是用她的生死作成了这样一本故事的缩影的。

这本书似乎正等待另外一个人去完成。我希望中国不久就会有那么一本巨著，出自一个女性作家的手中，若这作者还缺少所要写的那一分生活上的经验时，便先去得到那分经验。一切东西必在日光雨露下方能生长，一个人也如此！有多少活人，现在虽好好的活着，我们总仿佛这个人多一个或少一个，对于社会毫无关系。但有些人死去了一百年或一千年，却使我们尽怀想着不能忘记。她告给我们的是“活的方法”，要做一个活人，就得去日光下学习，不怕死。且明白应如何把自己的力量搀入社会里去。

……

……

二十二年十二月十三成于北京

二十八年七月二十六补校于昆明

图书在版编目（CIP）数据

记丁玲续集/ 沈从文著. — 北京：中国国际广播出版社，2013.1

（良友文学丛书）

ISBN 978-7-5078-3566-3

Ⅰ. ①记… Ⅱ. ①沈… Ⅲ. ①丁玲（1904～1986）— 传记 Ⅳ. ①K825.6

中国版本图书馆CIP数据核字（2012）第266540号

记丁玲续集

著　　者	沈从文
责任编辑	张娟平
版式设计	国广设计室
责任校对	徐秀英
出版发行	中国国际广播出版社（83139469　83139489[传真]）
社　　址	北京复兴门外大街2号（国家广电总局内）
	邮编：100866
网　　址	www.chirp.com.cn
经　　销	新华书店
印　　刷	环球印刷（北京）有限公司
开　　本	620×920　1/16
字　　数	63千字
印　　张	8.5
版　　次	2013 年 1 月　北京第一版
印　　次	2013 年 1 月　第一次印刷
书　　号	ISBN 978-7-5078-3566-3/I・380
定　　价	36.00元

CRI 中国国际广播出版社　欢迎关注本社新浪官方微博　官方网站 www.chirp.cn

人文阅读与收藏·良友文学丛书

(1)	鲁　迅　编译	竖　琴
(2)	何家槐　著	暧　昧
(3)	巴　金　著	雨
(4)	鲁　迅　编译	一天的工作
(5)	张天翼　著	一　年
(6)	篷　子　著	剪影集
(7)	丁　玲　著	母　亲
(8)	老　舍　著	离　婚
(9)	施蛰存　著	善女人行品
(10)	沈从文　著	记丁玲
	沈从文　著	记丁玲续集
(11)	老　舍　著	赶　集
(12)	陈　铨　著	革命的前一幕
(13)	张天翼　著	移　行
(14)	郑振铎　著	欧行日记
(15)	靳　以　著	虫　蚀
(16)	茅　盾　著	话匣子
(17)	巴　金　著	电
(18)	侍　桁　著	参差集
(19)	丰子恺　著	车箱社会
(20)	凌叔华　著	小哥儿俩
(21)	沈起予　著	残　碑
(22)	巴　金　著	雾
(23)	周作人　著	苦竹杂记　（暂缺）